Dr. Andrés Ibarra

Führen in der Produktion

Ein Arbeitsbuch für Meister und Vorarbeiter

1. Auflage 2006

Bestell-Nr.: 73941
ISBN-13: 978-3-87125-834-3
ISBN-10: 3-87125-834-2

---

1. Auflage 2006

Satz/Layout: Firma amPuls, Elzach

Illustrationen: Sabrina Stürmer, Caroline Horn

©2006 by Verlag Dr. Ing. Paul Christiani GmbH & Co. KG, Konstanz

Alle Rechte, einschließlich der Fotokopie, Mikrokopie, Verfilmung, Wiedergabe durch Daten-, Bild- und Tonträger jeder Art und des auszugsweisen Nachdrucks, vorbehalten. Nach dem Urheberrechtsgesetz ist die Vervielfältigung urheberrechtlich geschützter Werke oder von Teilen daraus **auch für Zwecke von Unterricht und Ausbildung nicht gestattet,** außer nach Einwilligung des Verlages und ggf. gegen Zahlung einer Gebühr für die Nutzung fremden geistigen Eigentums. Nach dem Urheberrechtsgesetz wird mit **Freiheitsstrafe bis zu einem Jahr oder mit Geldstrafe** bestraft, „wer in anderen als den gesetzlich zugelassenen Fällen ohne Einwilligung des Berechtigten ein Werk vervielfältigt..."

Inhaltsverzeichnis

Vorwort 6

1 Anforderungen an Führungskräfte in der Produktion 7

1.1 Die Stellung der Produktion im Rahmen der Unternehmensorganisation 8
1.2 Der Meister als „Manager im Kleinen" 12
1.3 Erwartungen der Mitarbeiter an den Meister 18
1.4 Das eigene Rollenverständnis des Meisters 20

2 Kompetent führen, fordern und fördern 24

2.1 Merkmale einer „guten Führungskraft" 24
2.2 Führungsstile: von der Theorie zur Praxis 26
2.3 Eigene Denk- und Verhaltensmuster prägen den Führungsstil 30
2.4 Typische Verhaltens- und Denkweisen der Mitarbeiter sehen und verstehen 34
2.5 Zum Einfluss des Meisters auf das Betriebsklima 37
2.6 Mitarbeiter beurteilen 43

3 Führungsinstrumente beherrschen 49

3.1 Ein „Meister" im Informieren 49
3.2 Die Kunst des Delegierens 53
3.3 Vertrauen ist gut – aber Kontrolle muss auch sein 57

4 Klassische Führungsaufgaben in der Produktion 60

4.1 Neue Mitarbeiter einarbeiten 60
4.2 Vollständige Arbeitsanweisungen und Unterweisungen geben 65
4.3 Interne Schulungen durchführen 70
4.4 Kooperation mit dem Betriebsrat 74

5 Kommunikationstechniken ... 78

5.1 Grundlagen der Kommunikation ... 78
5.2 Mitarbeitergespräche führen ... 84
5.3 Teambesprechungen organisieren und leiten ... 88
5.4 Präsentationen durchführen ... 94

6 Zusammenarbeit in Produktionsteams ... 103

6.1 Die Macht der Motivation ... 103
6.2 Von einer Gruppe zum Team ... 107
6.3 Merkmale von „gesunden" und „kranken" Teams ... 110

7 Konflikte lösen ... 114

7.1 Konflikte am Arbeitsplatz... kosten Zeit, Energie und Nerven ... 114
7.2 Wahrnehmung und Verhalten in Konfliktsituationen ... 116
7.3 Der Meister als „Konfliktmanager" ... 120
7.4 Konfliktarten ... 122
7.5 Mit Konflikten umgehen ... 124

8 Arbeitsorganisation ... 128

8.1 Zeit- und Selbstmanagement ... 128
8.2 Arbeitsplätze gestalten ... 138

9 „Just do it": Vier Arbeitsschritte zum Führungserfolg ... 142

9.1 Zur Person: Selbstmanagement für den Meister ... 142
9.2 Zum Arbeitsbereich: Defizite erkennen ... 146
9.3 Zur Zielerreichung: klare, realistische Ziele formulieren ... 148
9.4 Zur Umsetzung: Erstellung eines Maßnahmenplanes ... 150

Weiterführende Literatur ... 151

Über die Autoren

Dr. Andrés Ibarra, Jahrgang 1968, ist seit 1999 als Trainer, Berater und Coach tätig. Seit 2002 liegt einer seiner Schwerpunkte in der Prozessbegleitung von Produktionsteams. Darüber hinaus hat er als Dozent am Bildungszentrum der IHK Südlicher Oberrhein GmbH lange Zeit für die Meisterausbildung das Fach „Zusammenarbeit im Betrieb" unterrichtet. An der IHK ist er Mitglied im Prüfungsausschuss für den Bereich der Ausbildereignungsprüfung. Sein Erstlingswerk, „Das Ausbilderhandbuch" wird für diese Prüfung an verschiedenen Stellen als Standardwerk für die Prüfungsvorbereitung eingesetzt.

An diesem Buch mitgearbeitet haben

Anette Dorenberg
Ass. iur.

Freie Mitarbeiterin bei TeamCoaching und Trainerin für die Bereiche Kommunikation, Motivation und Führung.

Tatjana Göbel
Dipl.-Psychologin für Arbeits- und Organisationspsychologie

Expertin für Personalauswahl und Potenzialdiagnostik und Business Coach für Kommunikation und Führung. Seit vielen Jahren in Industrie und Dienstleistung als Systemische Beraterin (SG) und Managementtrainerin tätig. Geschäftsleitung von proComet „Produktivitätsmanagement und Coaching für Mensch und Technik".

Jürgen Braun
Dipl.-Ing. (FH)

Systemischer Unternehmensberater (SG) und langjähriger Business Coach für mittelständische Unternehmen. Spezialist für innovatives Produktivitätsmanagement und Organisationsentwicklung in Verbindung mit zeitgemäßem Führungs- und Teamverhalten. Seit 1999 Gründer der erfolgreichen Unternehmensberatung proComet „Produktivitätsmanagement und Coaching für Mensch und Technik".

Vorwort

Die gängige Führungsliteratur spricht in ihrer Ausdrucksweise und thematischen Schwerpunktsetzung vornehmlich die akademisch ausgebildete Führungsschicht an. Für die große Zahl der Führungskräfte in der Produktion besteht nach wie vor eine große Lücke. Dieses Führungshandbuch möchte dazu beitragen diese Lücke zu schließen, indem es sich in erster Linie thematisch und sprachlich auf diese Zielgruppe hin orientiert. Die einzelnen Themen werden hierzu mit Fallbeispielen, Übungen, Perspektivenwechseln und Arbeitsblättern praxisnah behandelt.

Zur Lesbarkeit des Buches...

Dieses Führungshandbuch spricht Personen an, die in der Produktion Führungsverantwortung haben; dazu gehören Betriebsleiter, Meister, Vorarbeiter und gegebenenfalls auch Gruppensprecher. Zur einfacheren Lesbarkeit wird im Text stellvertretend für den hier genannten Personenkreis ausschließlich der „Meister" als Führungskraft angesprochen. Bsp.: wenn von „den Erwartungen des Meisters an sein Team ..." geredet wird, gilt das gleichermaßen auch für die möglichen Erwartungen des Betriebsleiters, des Vorarbeiters und des Gruppensprechers. Zu beachten ist darüber hinaus, dass natürlich auch Führungskräfte in verwandten Bereichen wie dem Handwerk, der Konstruktion oder dem Lager angesprochen sind. Stellvertretend wird aber im Text nur von der Produktion gesprochen. Selbstverständlich sind auch weibliche Führungskräfte angesprochen, wenngleich diese in den angesprochenen Sparten seltener vertreten sind. Auch hier wurde aus Gründen der vereinfachten Lesbarkeit auf die jeweilige Endung verzichtet. Ich hoffe, damit in Ihrem Sinne gehandelt zu haben.

Und noch ein Hinweis: Das vorliegende Werk ist als Arbeitsbuch angelegt. Es enthält verschiedene Arbeitsblätter. Bitte bearbeiten Sie diese in Ruhe, vor allem der Transfer von der Theorie auf Ihren eigenen Arbeitsbereich führt zu möglichen Veränderungen, die Sie umsetzen möchten!

Ein Wort des Dankes

Ein solches Buch bietet die seltene Gelegenheit, Menschen öffentlich zu danken. Neben der Tätigkeit in verschiedenen öffentlichen wie privaten Organisationen beruht meine intensivste Zusammenarbeit in der Prozessbegleitung von Produktionsteams in den vergangenen Jahren auf Kontakten mit der Bürstner GmbH in Kehl beziehungsweise der Bürstner S.A. in Wissembourg/Frankreich. Stellvertretend für viele ihrer Mitarbeiter danke ich den Herren Heinz-Werner Breuer, Geschäftsführer in Kehl und Norbert Dellekönig, Directeur de production in Wissembourg, für das lange Zeit währende entgegengebrachte Vertrauen.

Dr. Andrés Ibarra, Freiburg im Breisgau im November 2005

1 Anforderungen an Führungskräfte in der Produktion

Schauen Sie sich bitte das Schaublid unten an; erkennen Sie sich in machen Situationen wieder?

Unser Meister hat den Kopf voller Aufgaben und zusätzlich zerren die Mitarbeiter an ihm, die seine Unterstützung wollen.

Schaubild 1

Vielleicht geht es Ihnen nicht immer oder nur in gewissen Umfang wie unserem Meister. Jedoch werden Sie Folgendem uneingeschränkt zustimmen können: Das Aufgabengebiet von Führungskräften in der Produktion hat sich im Laufe der Zeit erheblich erweitert: Betriebsleiter, Meister und Vorarbeiter

- müssen immer mehr organisatorische und planerische Tätigkeiten ausüben
- sind zunehmend in interdisziplinäre Projektarbeiten eingebunden
- sollen den Erwartungen ihrer Mitarbeiter entsprechen

Vor allem die Personalführung stellt in der Produktion heute eine besondere Herausforderung an die Führungskräfte dar. Zwar sind die Beschäftigten in der Regel sehr gute Facharbeiter, sie müssen aber manchmal besonders dazu angeleitet werden, auch gewissenhaft, engagiert und qualitätsbewusst zu arbeiten. Dies hat nichts damit zu tun, dass sie bewusst gegen das Interesse des Betriebes handeln wollen, sondern vielmehr damit, dass sie vielleicht das „Große Ganze" nicht immer sehen. Die Führungskraft wiederum kann nicht verstehen, warum seine Mitarbeiter sich nur auf ihren Arbeitsplatz konzentrieren und nicht stärker an den gesamten Produktionsablauf denken.

Die Führung von Facharbeitern stellt eine besonders große Herausforderung dar.

Anforderungen an Führungskräfte in der Produktion

In diesem Zusammenhang ist auch Folgendes zu bedenken: **Meister haben zuweilen bis zu fünfzig Mitarbeiter zu führen – Führungskräfte in der Verwaltung im Vergleich dazu hingegen „nur" zwischen fünf und zehn Personen** – eine Tatsache, die unterstreicht, wie wichtig es für den Meister ist, seine Führungskompetenzen auszubauen.

1.1 Die Stellung der Produktion im Rahmen der Unternehmensorganisation

Jedes Unternehmen steht vor der Herausforderung, eine betriebsspezifische Organisation zu schaffen, die es ermöglicht die betrieblichen Aufgaben optimal zu erfüllen und die Produktionsziele zu erreichen. Hierbei kommt es darauf an, die Bereiche und Abteilungen so zu gestalten, dass die Verantwortungs- und Entscheidungskompetenzen sinnvoll voneinander abgegrenzt sind und die Arbeitsabläufe effektiv funktionieren.

Führungs- und Organisationsgrundsäte leiten sich aus den Werten und Normen des Betriebes ab.

Die Unternehmensorganisation ist in der Regel auf die Unternehmenskultur abgestimmt. Eine einheitliche Definition für Unternehmenskultur existiert zwar nicht, im Allgemeinen werden hierunter aber Werte und Normen eines Betriebes verstanden. Aus diesen leiten sich Führungs- und Organisationsgrundsätze ebenso ab wie strategische Ziele und der soziale Umgang, den man sich miteinander wünscht. Die Unternehmenskultur soll nach innen und außen wirken. Nach innen sollen sich die Mitarbeiter mit dem Betrieb identifizieren können und ein „Wir-Gefühl" erreichen; nach außen soll sich ein sympathisches Erscheinungsbild ergeben, das sich von der Konkurrenz abhebt.

Schaubild 2 zeigt eine vereinfachte typische Unternehmensorganisation. Welche Abteilungen tatsächlich zu den jeweiligen Bereichen gehören, kann selbstverständlich unternehmensspezifisch unterschiedlich sein.

Schaubild 2: Schema einer Unternehmensorganisation

Aufgrund des steigenden Wettbewerbsdrucks und der Notwendigkeit, schnell und flexibel zu reagieren ist in vielen Unternehmen die Aufbauorganisation meist nicht mehr so statisch wie früher zu sehen. In den meisten Betrieben werden interdisziplinäre Projektgruppen und Teams mit verschiedenen Fachleuten gebildet, um prozess- und kundenorientiert zu arbeiten.

Anforderungen an Führungskräfte in der Produktion

Leider existiert aber in vielen Betrieben eine „unsichtbare" Trennung zwischen dem Produktionsbereich und den kaufmännischen Bereichen, die oft von gegenseitigen Vorurteilen belastet ist. Klassischerweise halten die Produktionsmitarbeiter die kaufmännischen Angestellten für „reine Theoretiker" und diese wiederum Arbeiter manchmal für „reine Handwerker".

Der kaufmännische Bereich und der Produktionsbereich werden (zu) oft nicht als Einheit im Betrieb betrachtet.

Symbolisch lässt sich das in folgenden Aussagen formulieren:

> *Arbeiter: „Diese Krawattenträger glauben sowieso sie wissen alles besser und können noch nicht einmal einen Schlagbohrer richtig bedienen."*
>
> *Angestellter: „Die in der Produktion verstehen sowieso keine Zusammenhänge und denken nur bis zur nächsten Schraube."*

Worin liegen bei den Mitarbeitern in der Verwaltung mögliche Ursachen für Vorbehalte gegen die Produktion? Häufig beschäftigen sich die Produktionsmitarbeiter relativ wenig mit dem „Großen Ganzen", während die Mitarbeiter aus Abteilungen der kaufmännischen Bereiche über die Unternehmensziele, Unternehmensabläufe, betriebswirtschaftliche Eckdaten (z.B. Kosten, Umsatz- und Ertragszahlen), Kundengruppen und das Qualitätsmanagement besser Bescheid wissen.

Dies kann zwei Ursachen haben: Erstens, die Mitarbeiter in der Produktion bekommen weniger allgemeine Informationen über ihren Betrieb, oder zweitens, sie interessieren sich weniger für die bereitgestellten Informationen. Gerade das Wissen „rund um das Unternehmen" fördert aber wesentlich das Verständnis für betriebliche Abläufe, auftretende Probleme und Entscheidungen der Geschäftsleitung. Darüber hinaus steigt die Identifikation mit dem Betrieb und der Meister kann gegebenenfalls seinen Mitarbeitern auch Maßnahmen erklären und begründen, die direkt die Produktion betreffen.

Das Wissen „rund um den Betrieb" fördert die Identifikation mit dem Unternehmen

Als Meister sollten Sie also ...

- ein Zusammenwirken der verschiedenen Abteilungen fördern,
- über Situationen und Abläufe in benachbarten Bereichen Bescheid wissen,
- an einer Verbesserung der Abläufe arbeiten,
- die Mitarbeiter entsprechend über die Abläufe und über die Situation in Nachbarbereichen informieren.

Anforderungen an Führungskräfte in der Produktion

Arbeitsblatt 1: Prüfen Sie sich selbst: Was wissen Sie über Ihr Unternehmen

Was macht die Unternehmenskultur aus?	
Wer gehört alles zu der Unternehmensgruppe (Muttergesellschaft, Tochter- oder Schwesterfirmen)?	
Wo steht Ihr Betrieb im Konzernvergleich in Bezug auf Umsatz- und Absatzzahlen?	
Wodurch zeichnet sich Ihr Betrieb besonders aus?	
Wie sehen die strategischen Ziele Ihres Betriebes aus (z.B. neue Märkte erschließen, weitere Spezialisierung)?	
Welche Kundengruppen wollen Sie hauptsächlich ansprechen? Wo sind die wichtigen Absatzmärkte?	
Welche bedeutenden Veränderungen gab es in der Vergangenheit?	
Wie sehen die wesentlichen Herausforderungen für die Zukunft aus?	
Wie ist die Gehaltsstruktur im Branchenvergleich?	
Wie sind die Arbeitszeitregelungen im Branchenvergleich?	
Welche sehr wichtigen Projekte laufen zurzeit im Unternehmen?	
Was sind die größten Probleme ihrer wichtigsten Partnerabteilungen (z.B. Konstruktion, Einkauf, Logistik)?	

Fallbeispiel

So sollte es nicht sein!

In einer Großdruckerei soll ein Terminauftrag abgewickelt werden. Bei dem Produkt handelt es sich um eine Firmenzeitschrift, die Transparentpapier beinhaltet und zwei Abheftlöcher hat. Der Drucker spricht nach Erhalt der Vorlage mit den Kollegen der Schneidemaschine und der Stanzmaschine den zeitlichen Ablaufplan ab. Kurz vor Beginn erhält der Drucker einen Anruf vom Vertrieb, dass der Auftrag noch nicht gestartet werden soll, die Gründe sind unbekannt. Die schon eingerichteten Maschinen aller Beteiligten werden für einen anderen Auftrag umgestellt. Am nächsten Tag bekommt der Drucker von der Druckvorstufe eine leicht geänderte Vorlage, unter anderem soll es vier statt zwei Abheftlöcher geben. Der Drucker gibt die Korrekturen an die Kollegen weiter, erster Unmut macht sich breit. Am Nachmittag kommt die Grafikerin der Druckerei nach unten und gibt an, dass sie persönlich den Erstentwurf zur Druckabnahme mit dem Grafikbüro des Auftraggebers abstimmen möchte, damit nichts schief gehe; der endgültige Druckauftrag werde dann wohl erst in drei Tagen erteilt! Die drei Kollegen an ihren Maschinen sind genervt und gehen mit dem Ausspruch auseinander: „die da oben wissen doch auch nie, was sie eigentlich wollen!"

In diesem abschließenden Fall spielen sicher viele Kundenwünsche eine Rolle, die den Vertrieb, die Druckvorstufe und die Grafikerin selbst unter Anspannung bringen. Allerdings sollte der innerbetriebliche Endkunde (die Produktion) darüber informiert werden, damit diese ihrerseits auch das nötige Verständnis für „die da oben" aufbringen.

1.2 Der Meister als „Manager im Kleinen"

Die Betriebsleitung stellt an den Meister in erster Linie die Erwartung das die Produktionszahlen stimmen – und zwar in der geforderten Qualität. Um dieses Ziel zu erreichen muss die Produktion „rund" laufen. Hierzu müssen interne wie externe Faktoren zusammenpassen. So ist eine Voraussetzung, dass die Zusammenarbeit mit den innerbetrieblichen „Zulieferabteilungen" im besten Falle reibungslos verläuft. Als direkte Zulieferabteilungen der Produktion gelten das Lager, die Disposition, die Technik, die Konstruktion und die Entwicklung. Viele Betriebe verfolgen in diesem Zusammenhang ein „Innerbetriebliches Kundenprinzip" (vgl. Schaubild): Die Produktion ist der „Endkunde", der von seinen „Zulieferern" mit Dienstleistungen und Material bedient wird. Das heißt, die Belange der Produktion spielen für die meisten Abteilungen eine besondere Rolle. Die Führungskräfte in der Produktion sollten daher diesen Abteilungen gegenüber klar zum Ausdruck bringen, wie man gemeinschaftlich den Produktionsablauf fördern kann. Andererseits sollten sie sich auch mit den Abläufen und Einflussfaktoren auf ihre „Zulieferabteilungen" zumindest grundsätzlich auseinandersetzen, um übergreifende Prozesse zu verstehen und an ihre Mitarbeiter weiterzugeben, warum ab und zu etwas nicht so einfach funktioniert, wie sie es gerne hätten.

Dieses Prinzip sollte in der Unternehmensphilosophie verankert sein, um auch in den Köpfen der Mitarbeiter die nötige Akzeptanz zu finden.

Das „innerbetriebliche Kundenprinzip" erleichtert die Zusammenarbeit der einzelnen Abteilungen und steigert das Qualitätsbewusstsein.

> **Zum Vergleich:**
>
> So, wie ein Käufer das Recht hat, einen defekten Fernseher zurückzugeben, so hat die Produktion das Recht, unvollständige Konstruktionspläne zu reklamieren.

In den meisten Betrieben gibt es zwar ein Handbuch für Qualitätsmanagement, in dem die innerbetrieblichen QM-Abläufe geregelt sind. Diese besagen, welche Schritte von den einzelnen Abteilungen bei verschiedenen Vorgängen, zum Beispiel der Behandlung einer Reklamation, eingehalten werden müssen. In der Praxis kommt es zwischen Abteilungen aber zuweilen zu Missverständnissen und Verstimmungen, weil entweder die QM-Abläufe nicht bekannt sind oder nicht eingehalten werden. Hier wird allerdings übersehen, dass in manchen Situationen schnell und flexibel gehandelt werden muss, oder der Vorgang eine Behandlung nach QM-Vorgabe nicht zulässt.

Missverständnisse zwischen verschiedenen Abteilungen entstehen häufig aus Unwissenheit über QM-Abläufe.

Anforderungen an Führungskräfte in der Produktion

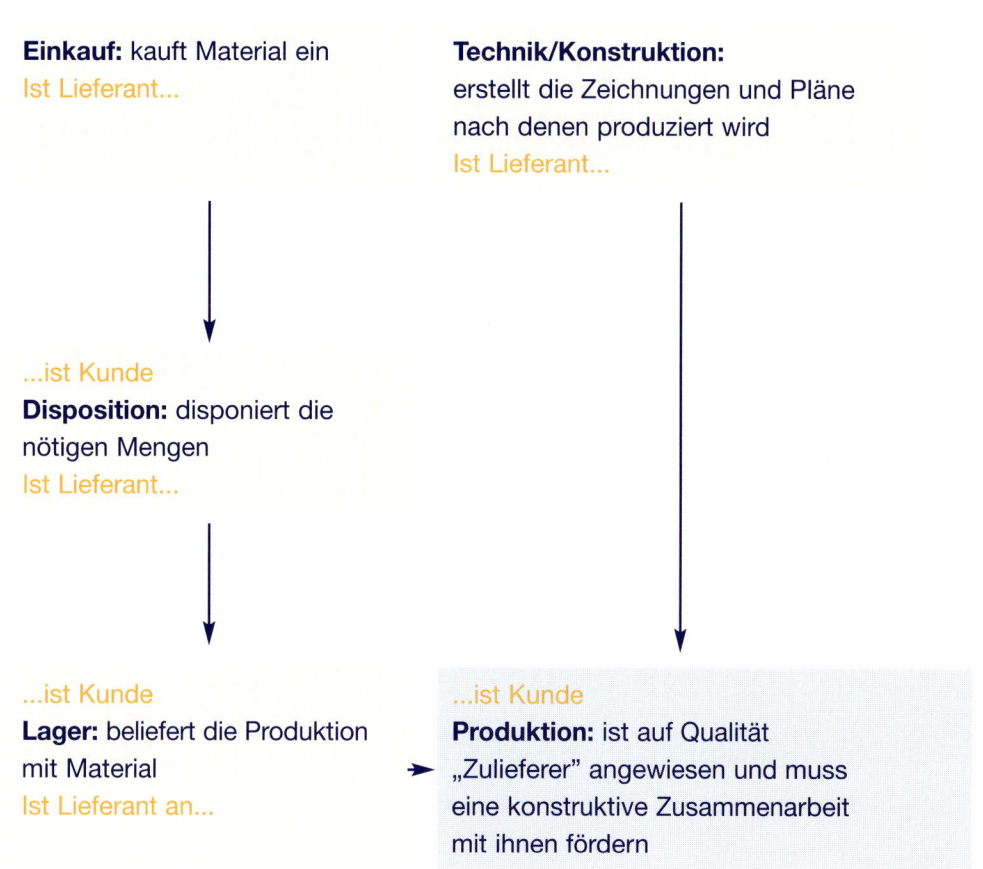

Schaubild 3: Beispiel für ein „Innerbetriebliches Kundenprinzip"

Der Meister sollte sich regelmäßig mit seinen „Zulieferabteilungen" austauschen, damit die Bedürfnisse und möglichen Defizite in der Produktion klar werden. Ein innerbetriebliches Kundenprinzip ist sinnvoll, erzielt aber nur den entsprechenden Erfolg, wenn alle Beteiligten sich ihrer „Lieferanten-Rolle" bewusst sind und Reklamationen von ihren „Kunden" ernst nehmen. Hier sind vor allem die Führungskräfte gefordert, von ihren Mitarbeitern ein kundenorientiertes Verhalten einzufordern.

Neben der Kooperation mit den Schnittstellen ist es für den Meister natürlich noch wichtiger, dass die Arbeitsprozesse innerhalb der Produktion gut funktionieren. Im Folgenden wenden wir uns dem Produktionsablauf genauer zu (vgl. Schaubild 4), der von vier zentralen Faktoren bestimmt wird.

Schaubild 4: Einflussfaktoren auf die Produktion

In jedem Bereich der Produktion sind die einzelnen Faktoren unterschiedlich gewichtet. So kann es beispielsweise sein, dass der Meister einerseits auf den Faktor Maschine wenig achten muss, weil der Betrieb sehr gut ausgestattet ist und entsprechende Fachkräfte die Maschinen bedienen können. Andererseits muss er unter Umständen seine Aufmerksamkeit besonders dem Faktor Arbeitsorganisation widmen, weil es an bestimmten Schnittstellen innerhalb der Produktion immer mal wieder zu Störungen kommt.

Anforderungen an Führungskräfte in der Produktion

Arbeitsbereich Meister / Vorarbeiter

Der Meister sollte seinen Bereich so „managen", dass die Faktoren optimal aufeinander abgestimmt sind. Der Idealzustand für die jeweiligen Einflussfaktoren könnte so aussehen:

Faktor Mensch/Mitarbeiter:

- Jeder Mitarbeiter wird den Anforderungen an seinem Arbeitsplatz gerecht
- Die Gruppenarbeit an den einzelnen Stationen verläuft konstruktiv und effektiv
- Die Fehlerquoten sind gering, die Arbeitsqualität ist dementsprechend hoch
- Die Arbeitsmotivation ist generell hoch
- Die Fluktuation ist gering
- Neue Mitarbeiter werden gut eingearbeitet
- Meister und Vorarbeiter sind gute Führungskräfte

Faktor Maschine/Technik:

- Die eingesetzten Maschinen sind technologisch auf dem neuesten Stand und entsprechen genau den betrieblichen Anforderungen
- Die Maschinen werden regelmäßig gewartet und haben demzufolge geringe Ausfallzeiten

Faktor Methode/ Arbeitsorganisation:

- Die Zusammenarbeit zwischen den einzelnen Produktionsteams verläuft kooperativ und konstruktiv
- Die Zusammenarbeit mit den innerbetrieblichen „Lieferanten" (z. B. Technik, Disposition, Lager) und „Kunden" (z. B. Endprüfung, Vertrieb) läuft reibungslos
- Der Informationsfluss innerhalb der Produktion und mit den Schnittstellen ist gut organisiert
- Die Einsatz- und Ablaufplanung ist sinnvoll
- Auf unvorhergesehene Störungen wird schnell reagiert
- Bei der Materialversorgung gibt es wenig Engpässe

Faktor Material:

- Das Material entspricht den betrieblichen Qualitätsansprüchen
- Das Material wird sachgemäß gelagert und verpackt
- Das Material wird so wenig wie möglich bewegt, um Schäden zu vermeiden

Anforderungen an Führungskräfte in der Produktion

> **Der Meister sollte also erkennen,**
>
> - in welchem Maße die jeweiligen Faktoren zum Produktionserfolg beitragen und
> - ob es in einem dieser Bereiche Defizite gibt, die unbedingt beseitigt werden müssen.

Diese Aufgaben kann er besonders gut erfüllen, wenn er in seinem Verantwortungsbereich zu einem „Manager im Kleinen" wird. Dazu gehört, dass er

- einen guten Überblick über Abläufe und Probleme in seinem Zuständigkeitsbereich hat,
- in diesen Zuständigkeitsbereichen präsent ist und Verantwortung zeigt,
- seine Aufgaben selbstständig und eigeninitiativ bearbeitet,
- die Arbeitsabläufe sinnvoll plant und organisiert,
- sich um die sachgemäße Bedienung und Wartung der Maschinen kümmert,
- auftretende oder zu erwartende Störungen rechtzeitig meldet,
- Ideen und Verbesserungsvorschläge einbringt,
- für einen guten Informationsfluss sorgt,
- die geforderte Qualität gewährleistet,
- die Mitarbeiter motiviert, anleitet und kontrolliert.

Praxistransfer

Für den eigenen Betrieb fallen Ihnen sicherlich eine Reihe von Punkten ein, die zu einer reibungslosen Produktion beitragen. Tragen Sie bitte in die nachfolgende Checkliste zu den jeweiligen Punkten den Soll-Zustand (also den Wunsch-Zustand) und den Ist-Zustand ein. Wenn der Soll-Zustand noch nicht erreicht ist, herrschen Defizite vor. Halten Sie diese in der letzten Spalte fest.

Anforderungen an Führungskräfte in der Produktion

Arbeitsblatt 2: Faktoren, die für eine reibungslose Produktion in Ihrem Betrieb wichtig sind:

	Soll-Werte	Ist-Werte	Defizite
Mensch			
Maschine			
Methode			
Material			

Als Reaktion auf die Ergebnisse Ihrer Bestandsaufnahme sollten Sie versuchen die Defizite zu beheben, die Sie festgestellt haben. Wie könnten die nächsten Schritte aussehen?

_____
_____
_____
_____
_____
_____
_____

Betrachten Sie Ihre Defizitanalyse genauer, kommen Sie vermutlich zu dem Schluss, **dass der Faktor Mensch eine herausragende Rolle** spielt. Ob Maschinen teilweise nicht sachgemäß bedient werden, Material manchmal beschädigt oder zu wenig auf Qualität geachtet wird – von den Leistungen der Mitarbeiter hängt viel ab. Vor diesem Hintergrund müssen Meister und Vorarbeiter als „Manager im Kleinen" besonders die Leistungsbereitschaft und Zufriedenheit ihrer Mitarbeiter fördern.

1.3 Erwartungen der Mitarbeiter an den Meister

Das Führungsverhältnis Meister/Mitarbeiter ist für den Produktionserfolg sehr entscheidend. Wir möchten die Seite der Mitarbeiter genauer betrachten und versuchen, uns ihrer Auffassung von Führung zu nähern. Selbstverständlich können die Aussagen nicht allgemein gültig sein, sie spiegeln aber aus der Erfahrung heraus eine klare Tendenz wider.

Die Mitarbeiter in der Produktion möchten in der Regel eher „eng" geführt werden. Sie stellen deshalb oft hohe Anforderungen an ihre Vorgesetzten, die sich in „typischen" – teils berechtigten, teils unberechtigten – Erwartungen dokumentieren:

- DAS VORBILD
  Soll eine Vorbildfunktion einnehmen
- DER RESPEKTVOLLE
  Soll sie respektieren
- DER LOBENDE
  Soll loben und motivieren
- DER HELFENDE
  Soll sich für einen reibungslosen Ablauf in der Produktion einsetzen
- DER VERANTWORTLICHE
  Soll sich am besten um alles kümmern
- DER SPEZIALIST
  Soll fachlich kompetent sein
  (am besten soll er alle Arbeitsplätze beherrschen)
- DER ZUHÖRENDE
  Soll ein offenes Ohr für alle haben
- DER VERTRAUENSWÜRDIGE
  Soll immer hinter ihnen stehen
- DER SOUVERÄNE
  Soll souverän und autoritär sein
- DER INFORMIERENDE
  Soll Informationen zuverlässig weitergeben

Anforderungen an Führungskräfte in der Produktion

Wenn ein Meister alle diese Anforderungen erfüllt, ist das für viele Mitarbeiter ideal. Je nach Bedarf und Charakter können sie auf die eine oder andere Eigenschaft zurückgreifen. Der eine Mitarbeiter sucht im Vorgesetzten einen Gesprächspartner, der andere möchte fachlich immer genau angewiesen werden. Der Meister sollte allerdings seine Hauptaufgabe, nämlich für einen reibungslosen und effektiven Produktionsablauf zu sorgen, nicht aus den Augen verlieren. So muss er sich fragen, inwieweit er den einzelnen Erwartungen gerecht werden kann und will.

Im Arbeitsalltag sollte der Meister grundsätzlich weniger im operativen – also ausführenden – Bereich tätig sein, sondern vielmehr im organisatorischen. Die Ausführenden sind grundsätzlich die Mitarbeiter, der Meister selbst bietet bei Problemen Hilfestellungen an. Wenn manche Mitarbeiter davon ausgehen, dass sich der Meister um alles kümmert, so muss er sich und den Mitarbeitern klar machen, dass jeder Mitarbeiter seinen ihm übertragenen Aufgabenbereich hat, für den er zuständig und verantwortlich ist. Je komplexer die Produktion und je spezialisierter einzelne Arbeitsplätze sind, desto überzogener ist auch der Anspruch, der Meister müsse auf jedes fachliche Problem sofort eine Lösung haben oder gar alle Arbeitsplätze beherrschen können.

Der Meister ist in erster Linie Organisator und arbeitet nur in „Notfällen" selbst mit.

> Nehmen wir an, Sie haben 12 Mitarbeiter, dann seien Sie nicht jedem Mitarbeiter „1/12-Meister", sondern lassen Sie sich von Ihren 12 Mitarbeitern unterstützen!

Anhand der folgenden zwei Fallbeispiele wollen wir aufzeigen, wie es sich auswirken kann, wenn ein Meister auf die Erwartungen seiner Mitarbeiter gar nicht eingeht oder im entgegengesetzten Fall keine Grenzen setzt.

Fall 1:

> In einem pharmazeutischen Unternehmen zeigen sich am Freitagnachmittag bei der Tablettenproduktion Probleme in der Klimatechnik. Ihre einwandfreie Funktion ist für die Herstellung der Tabletten sehr wichtig, da diese temperatur- und feuchtigkeitsabhängig ist. Ungeduldig beobachtet Meister Fischer die Überlegungen seiner Mitarbeiter und weist schließlich ihre Einwände forsch zurück. Der Meister entscheidet, dass die Produktion weiterlaufen soll, ohne den Fehler zu suchen und zu beheben. Er beauftragt die Mitarbeiter Otto und Meier, die Werte regelmäßig zu überprüfen. Er selber verlässt den Betrieb ins Wochenende. Nachdem nicht ordentlich produziert werden kann, erörtern die Mitarbeiter Otto, Meier, Pahl und Walkes das Problem und schaffen es mit Hilfe eines herbeigerufenen Technikers, den Fehler zu beheben. Am folgenden Montag werden die vier Mitarbeiter vom Meister verwarnt, weil sie gegen seine Anordnungen gehandelt haben.

Fallbeispiel

Anforderungen an Führungskräfte in der Produktion

Unsere Meinung

Der Meister verfehlt hier seine Vorbildfunktion, denn er reagiert auf die Störung nicht souverän und mit Weitsicht, sondern mit Hektik. Auf die Lösungsversuche seiner Mitarbeiter geht er nicht ein, die berechtigten Einwände akzeptiert er nicht. Stattdessen verlässt er sogar noch den Betrieb. An diesem Verhalten können sich seine Mitarbeiter nicht orientieren, sondern nur verärgert reagieren, da sie selber noch weiter arbeiten müssen. Auf die Eigeninitiative seiner Mitarbeiter hin folgt kein Lob und er steht nicht hinter der positiven Aktion, sondern lässt die Mitarbeiter hängen und verwarnt sie. So fühlen Sie sich nicht ernst genommen und ihre Motivation und Eigeninitiative wird gebremst.

Fall 2:

Fallbeispiel

> Mitarbeiter Schade hat privat erhebliche Probleme. Aufgrund schlafloser Nächte schwindet seine Konzentration bei der Arbeit zunehmend. Der Meister zeigt größtes Verständnis für Schade und bietet ihm an, dass er jederzeit zu ihm kommen könne. Mit der Zeit entwickelt es sich zu einer festen Einrichtung, dass Schade dem Meister fast täglich sein Leid klagt. Der Meister nimmt dies in Kauf, da er sich verpflichtet fühlt, für seinen Mitarbeiter da zu sein.

Unsere Meinung

Es ist grundsätzlich gut, dass der Meister ein offenes Ohr für Mitarbeiter Schade hat und Unterstützung anbietet. Es nimmt aber ein solches Ausmaß an, dass sich der Meister in die Stellung eines privaten Therapeuten bringt, der sich auch mit Dingen auseinander setzen muss, die an anderer Stelle als im Betrieb gelöst werden sollten.

1.4 Das eigene Rollenverständnis des Meisters

Die Sandwich-Position des Meisters: Er muss die Erwartungen der Betriebleitung und der Mitarbeiter in Einklang bringen.

Der Meister steht als Führungskraft zwischen der Erwartungshaltung der Mitarbeiter und den Anforderungen der Betriebsleitung. In dieser „Sandwich-Position" finden sich manche schwer zurecht. Das mag daran liegen, dass viele Meister in ihrem Betrieb einen „typischen Werdegang" hinter sich haben: sie fangen als Arbeiter an, werden aufgrund Ihrer besonderen Leistung Vorarbeiter, besuchen berufsbegleitend die Meisterschule und bekommen nach ihrem Abschluss eine frei werdende Meisterstelle.

Der Übergang in eine Führungsposition als Meister, insbesondere im gleichen Betrieb, ist nicht immer einfach. Die Kollegen sehen den Meister oft noch als „einen von ihnen" an. Daher ist es zunächst ungewöhnlich, den Arbeitern nun als Vorgesetzter Anordnungen zu geben, sie zu kontrollieren und wenn nötig auch zurecht zu weisen.

Anforderungen an Führungskräfte in der Produktion

Fallbeispiel

> Herr Bauer ist vor kurzem vom Vorarbeiter zum Meister „aufgestiegen". Er ist nun für die gesamte Kfz-Werkstatt in einem mittelständischen Autohaus zuständig, in dem er zuvor über fünf Jahre als Kfz-Mechaniker arbeitete. Eine knappe Stunde vor Arbeitsende fällt eine Hebebühne aus. Die gerade an der Maschine tätigen Mitarbeiter und alten Bekannten von Bauer – Metzger und Schmidt – melden den Vorfall dem Meister, der die beiden nach einem Blick auf die Uhr mit der Bemerkung „Schaut halt noch mal nach, ich habe gerade keine Zeit" wegschickt und sich wieder seiner Tätigkeit widmet. Nachdem Metzger und Schmidt das Problem nicht orten können, geben sie ihrem Meister kurz vor Ende der offiziellen Arbeitszeit den Hinweis, dass sie die im Montageplan vorgesehen Reparaturen teils nicht durchführen konnten. Bauer meint, dass sie eigentlich schon früher hätten zu ihm kommen können. Die beiden dürfen dennoch mit seiner Zustimmung Feierabend machen. Noch bevor Meister Bauer die Betriebsleitung von dem Vorfall unterrichtet, erhält diese eine Beschwerde eines Kunden, der umsonst gekommen ist, um seinen jetzt nicht reparierten Wagen abzuholen. Bauer versucht sich mit dem Hinweis zu rechtfertigen, dass die beiden Mitarbeiter ihm nicht rechtzeitig Bescheid gegeben hätten; außerdem hätte ein Reparaturbeginn vor Arbeitsende sowieso keinen Sinn mehr gemacht.

Unsere Meinung

Meister Bauer kommt seiner Vorgesetztenfunktion nicht nach, weil er sich mit seiner Rolle als Führungskraft und den dazugehörigen Konsequenzen noch nicht ausreichend identifiziert hat. Auf Nachfrage seiner Mitarbeiter unterstützt er sie nicht, sondern schickt sie weg, ohne klare zeitliche und fachliche Anweisungen zu geben. Als sie kurz vor Dienstende gehen, signalisiert er ihnen, dass es zwar besser gewesen wäre, wenn sie ihn schon früher unterrichtet hätten, es aber trotzdem so „in Ordnung" ist. Die Mitarbeiter verlassen daraufhin ohne schlechtes Gewissen ihre Arbeitsstätte. Gegenüber der Betriebsleitung schiebt Meister Bauer seinen Mitarbeitern dann allerdings die Verantwortung zu, was einen Vertrauensverlust zur Folge haben kann.

Meister Bauer erfüllt auch die Erwartungen der Betriebsleitung nicht. Denn er weist seine Mitarbeiter nicht an, hat scheinbar keine Übersicht über die noch zu erledigenden Aufgaben und verhält sich nicht vorbildhaft, da er die Verantwortung abschiebt und versucht, für sein Fehlverhalten Ausreden zu finden. Vielleicht „konnte" er seine Mitarbeiter nicht anweisen oder kritisieren, weil er sich mit seiner Rolle als Vorgesetzter gegenüber seinen ehemaligen Kollegen Metzger und Schmidt noch nicht identifiziert hatte. So war es ihm auch nicht möglich, die Verantwortung für sein Handeln gegenüber der Betriebsleitung zu übernehmen.

Anforderungen an Führungskräfte in der Produktion

Jede Führungskraft muss ihren eigenen Weg finden, wie sie mit den vielfältigen Anforderungen umgeht. Handlungsleitend muss für den Meister letztlich sein, dass er gegenüber der Betriebsleitung für seine Abteilung und die Produktionsergebnisse verantwortlich ist. Manche versuchen hier allerdings, möglichst jedem gerecht zu werden und vergessen dabei, ihren eigenen Standpunkt zu definieren. Ein Meister findet sich besser in seiner Rolle als Führungskraft zurecht, wenn er sich klar darüber wird, wie er sich im Spannungsfeld zwischen den Erwartungen der Betriebsleitung und seinen Mitarbeitern sieht.

Um sich Ihren Standpunkt zu verdeutlichen, tragen Sie bitte in Schaubild 5 Ihre eigenen Vorstellungen ein.

Selbstbild des Meisters

Schaubild 5

Beispiel: Ich will autoritär sein

_____
_____
_____
_____
_____

Sie erleben vermutlich in Ihrem Arbeitsalltag, wie schwer es ist, allen Anforderungen gerecht zu werden. Nun sind Sie vielleicht das erste Mal dabei, sich etwas genauer damit zu befassen, wie Sie eigentlich selbst Ihre Rolle sehen. Beachten Sie dabei aber eines:

Anforderungen an Führungskräfte in der Produktion

Es geht nicht darum, jede Erwartung zu erfüllen, aus Angst, nur dann akzeptiert zu werden. Genau dies funktioniert nicht, weil der Mensch sich nicht vollends verbiegen kann, sondern vor allem von seinen eigenen Werten und Einstellungen geleitet wird (vgl. Kap. 2.3). Allerdings sollte sich der Meister auch nicht hinter dem Vorsatz verstecken: „Ich würde ja gerne euren Erwartungen entsprechen, aber ich habe nun mal in diesem und jenem Punkt eine andere Einstellung…"

Deshalb sehen wir es so: Jeder Mensch hat seinen eigenen Handlungsrahmen, aber dieser Rahmen lässt sich durchaus durch neue Erfahrungen und Einsichten erweitern. Die zentrale Frage lautet:

„Was wollen die anderen von mir und was bin ich bereit zu geben?"

Erweitern Sie Ihren Handlungsrahmen!

Schaubild 6

Neue Erfahrungen, neue Gedanken = Erweiterung des eigenen Handlungsrahmen!

2 Kompetent führen, fordern und fördern

Es ist schon erstaunlich: ein Team, das überhaupt nicht funktionierte und ständig schlechte Arbeitsergebnisse lieferte, wächst möglicherweise nach einem Führungswechsel zu einer verschworenen Einheit zusammen und produziert daraufhin hochwertige Arbeitsergebnisse. Dieses Phänomen findet sich zum Beispiel auch oftmals bei Fußballmannschaften nach einem Trainerwechsel. Dies führt uns zu der Frage: Was macht eine gute Führungskraft aus?

2.1 Merkmale einer „guten Führungskraft"

Jeder Mensch hat bestimmte Vorstellungen darüber, welche Eigenschaften einer Führungskraft für ihn besonders wertvoll sind. Es gibt daher kein allgemeingültiges Bild für die „perfekte Führungskraft". An einigen Merkmalen wollen wir aber aufzeigen, welche Faktoren grundsätzlich eine wichtige Rolle spielen.

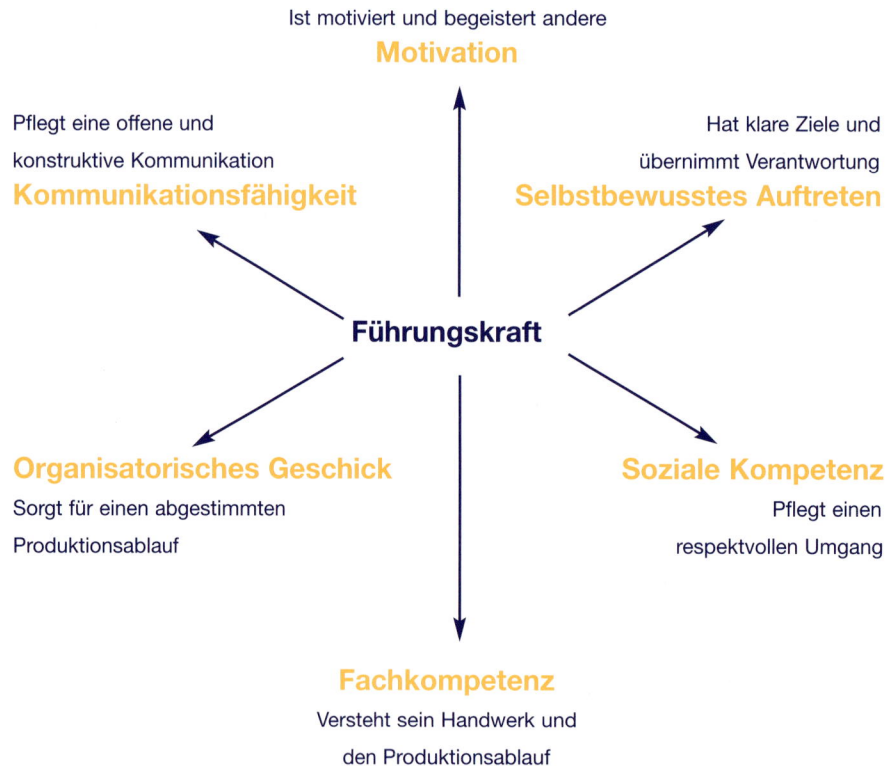

Schaubild 7: Merkmale einer „guten Führungskraft"

Was heißt das für den Meister?

1. Motivation

Ein guter Meister begeistert sich für seine Arbeit und kann diese Begeisterung auch seinen Mitarbeitern vermitteln. Selbst wenn er einen „Durchhänger" hat lässt er sich das wenig anmerken. Aussprüche wie: „Der ganze Mist nervt mich doch selber an!" sind von ihm nicht zu hören. Er schafft es, die Mitarbeiter durch herausfordernde Tätigkeiten, Lob und Anerkennung für ihre Leistungen zu motivieren.

2. Selbstbewusstes Auftreten

Ein guter Meister übernimmt die Verantwortung für seinen Aufgabenbereich und setzt klare Ziele. Dies schafft er durch konsequentes und situationsgerechtes Handeln, wobei er auch offen für Kritik bleibt. Durch sein vorbildhaftes Auftreten bekommt er eine natürliche Autorität.

3. Soziale Kompetenz

Der richtige Umgang mit Menschen steht hier im Mittelpunkt. Hierzu gehören Respekt und Achtung vor dem Mitarbeiter. Ein guter Meister erkennt darüber hinaus „Brennpunkte" bei seinen Mitarbeitern und kann sich einfühlen und vermitteln.

4. Fachkompetenz

Die fachliche Qualifikation ist ein entscheidender Faktor. Der Meister muss nicht jeden Arbeitsplatz beherrschen (vgl. Kap. 1.3), aber er sollte aufgrund seines Fachwissens Lösungsvorschläge einbringen können und sollte auch die Bereitschaft zur eigenen Weiterbildung haben. Ein guter Meister ist also nicht der unerreichbare „Allwissende", sondern ein verlässlicher Ratgeber, der auch immer neu dazu lernen kann und will.

5. Organisatorisches Geschick

Ein guter Meister hat den Produktionsablauf im Griff. Er teilt seine Zeit und die anfallende Arbeit sinnvoll ein und behält immer den Überblick über seinen Bereich.

6. Kommunikationsfähigkeit

Eine offene, konstruktive Kommunikation ist der Schlüssel zu einem kollegialen Umgang zwischen Meister und Mitarbeiter (vgl. Kap. 5). Ein guter Meister kommuniziert nicht „von oben herab", nur weil er die Befehlsgewalt hat. Er ist klar und offen, fordert aber auch seinerseits konstruktives Feedback ein. Durch die Art und Weise wie er kommuniziert fühlen sich seine Mitarbeiter respektiert.

Die hier beschriebenen Merkmale bilden nahezu einen Idealzustand ab. Nun gilt es, einerseits die Messlatte nicht unrealistisch hoch anzusetzen, andererseits aber auch den starken Willen aufzubringen, sich selbst zu reflektieren und an sich arbeiten zu wollen. Eines darf letztlich nicht vergessen werden:

> Wer seine Mitarbeiter motivieren kann und aufgrund seines Verhaltens von ihnen akzeptiert wird, erhält als Ergebnis engagierte Mitarbeiter, die leistungsbereit sind und mit denen er viel weniger Führungsarbeit hat.

Zugegeben, eine sehr gute Führungskraft zu werden ist schwierig. Leider ist es umso leichter, bei den Mitarbeitern in Missgunst zu fallen. Lesen Sie hierzu einige von uns gesammelte Zitate von Arbeitern.

Der Respekt gegenüber dem Meister geht verloren, wenn...

„er hysterische Anfälle bekommt oder völlig unverhältnismäßig reagiert"

„er nicht zwischen persönlicher Sympathie und fachlicher Leistung unterscheidet"

„er ironisch, abschätzig oder sarkastisch wird"

„er mein Vertrauen missbraucht"

„er kein gepflegtes Äußeres und gute Umgangsformen hat"

2.2 Führungsstile: Von der Theorie zur Praxis

Jede Führungskraft ist anders und hat demzufolge einen anderen Führungsstil. Die wenigsten Vorgesetzten verfolgen dabei strikt einen bestimmten Führungsstil, sondern wählen eine Form, die zu ihrer Persönlichkeit passt – allerdings mit mehr oder weniger großem Erfolg. Es ist daher interessant, sich zunächst mit den verschiedenen Stilen und Auswirkungen etwas näher zu befassen.

Kompetent führen, fordern und fördern

In der Theorie werden grundsätzlich drei übergeordnete Führungsstile unterschieden:

Autorität „Du machst, was ich will"	Kooperativ „Bringe deine Ideen mit ein"	Laisser-faire „Mache es, wie du möchtest"
• Wenig Spielraum für Diskussionen • Kaum Freiheit beim Erfüllen der Aufgaben • Strenge Kontrollen • Wenig Mitbestimmung durch die Mitarbeiter • Begrenzte Kommunikation	• Mitarbeiter wird um seine Meinung gefragt • Mitbestimmung bei der Aufgabenerfüllung • Flexible Arbeitszeiten • Regelmäßige, aber weniger restriktive Kontrollen • Mehrwegkommunikation, d.h. Vorgesetzter legt Wert auf den Austausch mit seinen Mitarbeitern Freiheit beim Erfüllen der Aufgaben	• Viel Mitbestimmung durch die Mitarbeiter • Freie Arbeitszeiten • Vorwiegend Endkontrollen • Offene Kommunikation

Tabelle 1: Führungsstile

Wahrscheinlich können Sie schon erkennen, welche besonderen Vor- und Nachteile die einzelnen Stile mit sich bringen. Der autoritäre Stil könnte als zu „hart", der laisser-faire als zu „weich" beurteilt werden. Der kooperative Führungsstil stellt hingegen einen Mittelweg dar. Hier wird dem Mitarbeiter einerseits Vertrauen entgegen gebracht und er kann seine Kreativität und Meinung einbringen. Er unterliegt aber andererseits auch konstruktiver Kritik sowie einem klar umrissenen Handlungsrahmen.

Kompetent führen, fordern und fördern

Welcher Führungsstil ist nun der „richtige"?

Zunächst einmal hängt der Führungsstil von der Persönlichkeit des Meisters ab. Darüber hinaus haben viele Unternehmen ein Führungsleitbild entwickelt, deren Umsetzung sie sich von ihren Führungskräften wünschen – so haben große Konzerne beispielsweise den kooperativen Führungsstil in ihrem Leitbild festgeschrieben. Der Meister sollte sich selbstverständlich an dem Unternehmensleitbild orientieren. Allerdings ist es auch schwer, seine Persönlichkeit ganz und gar auf ein vorgegebenes Führungsverhalten anzupassen. So wird ein eher sozial, menschenorientierter Meister es vermutlich schwer haben, seine Mannschaft mit „harter Hand" zu führen. Es ist in der Regel auch gar nicht notwendig und sogar oft wenig hilfreich, sich strikt an einen Stil zu halten. Viel wichtiger ist es, sich auf die jeweilige Situation und die Mitarbeiter einzustellen und sie dabei in eine positive Richtung zu lenken.

Die zentrale Frage lautet:

„Wie gehe ich mit meiner Mannschaft oder einem einzelnen Mitarbeiter in einer bestimmten Situation um und wie erreiche ich mit ihnen bzw. ihm dabei ein bestmögliches Ergebnis?"

> Eine situativ-angepasste Führung ist ein moderner Führungsstil.

Einen interessanten Ansatz bietet das Readiness-Level-Konzept, das an der Ohio-State-University entwickelt wurde (vgl. Schaubild 8). Es stellt die Fähigkeiten/Fertigkeiten/Engagement (Readiness) des Mitarbeiters in den Mittelpunkt und fordert die Führungskraft auf, ihren Führungsstil entsprechend anzupassen. Der Ansatz lässt sich auf zwei einfache Aussagen reduzieren:

*Ein optimales Arbeitsergebnis bleibt immer dann aus, wenn aufgrund unterschiedlicher Ursachen die Mitarbeiter a) ihre Aufgabe **nicht verrichten können** (es fehlt an den Fähigkeiten) oder b) **nicht verrichten wollen** (es fehlt am Engagement).*

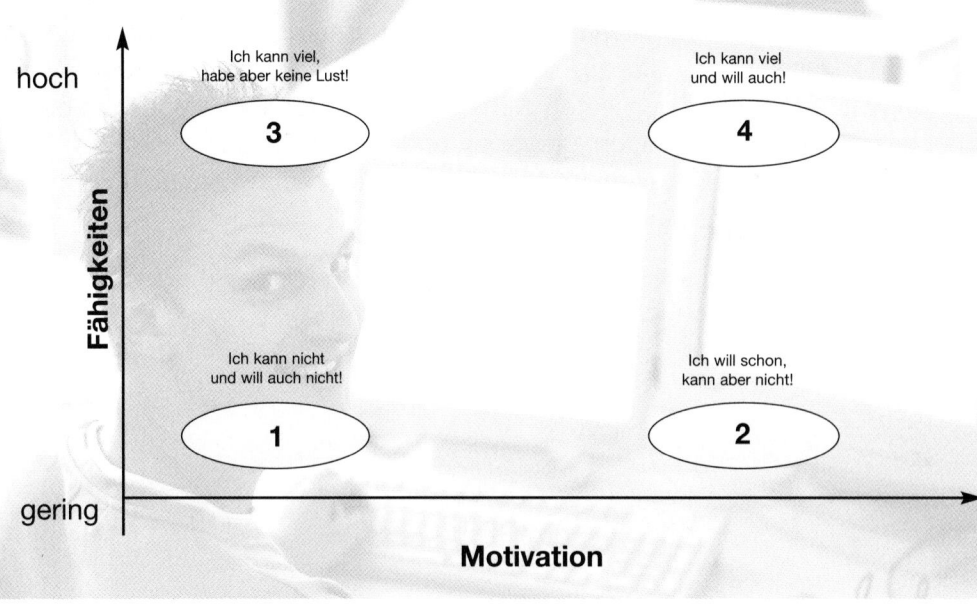

Schaubild 8: Readiness-Level von Mitarbeitern

Kompetent führen, fordern und fördern

Es ist nachzuvollziehen, dass jeder dieser „Typen" anders geführt werden muss. Am eindrucksvollsten ist der Gegensatz zwischen den Typen 1 und 4: Während man „Typ 1" mit klaren Anweisungen und Autorität begegnen sollte, kann man „Typ 4" eher selbstständig arbeiten lassen; übermäßige Anweisungen und Kontrollen könnten ihn demotivieren. Basierend auf dem Readiness-Level-Konzept sprechen wir hier von einem „situativ-angepassten-Führungsstil".

Fallbeispiel

> Sie haben einen besonders ehrgeizigen Mitarbeiter, der gute Arbeit leistet, aber leider auch immer einen Verbesserungsvorschlag parat hat (Typ 4) und dadurch den täglichen Arbeitsablauf eher behindert als fördert. Als Vorgesetzter könnten Sie ihn durch ständige strenge Er-mahnungen in seinem Engagement bremsen. Die Stimmung würde sich wahrscheinlich enorm verschlechtern, vielleicht würde der Mitarbeiter eines Tages nur noch das Notwendigste tun. Eine andere Möglichkeit wäre es, sich in einem Gespräch auszutauschen. Sie könnten ihn für sein Engagement loben, ihm aber unmissverständlich klarmachen, dass die tägliche Arbeit erledigt werden muss. Gemeinsam könnten sie einen Plan für anfallende „Extra-Projekte" erstellen, die in der Verantwortung des Mitarbeiters stehen. So fühlt sich der Mitarbeiter ernstgenommen und ist befriedigt, wenn er seine gesonderten Aufgaben erledigen darf.

Sie führen also „situativ-angepasst", indem Sie

- die Persönlichkeit,
- die Fähigkeiten und das Engagement sowie
- die jeweiligen Umstände der Mitarbeiter

berücksichtigen.

Bedenken Sie:

Der Gedanke „ich behandle alle Mitarbeiter gleich" ist zwar in der Theorie lobenswert, er ist aber auch im wahrsten Sinne des Wortes nicht menschengerecht, weil Menschen eben unterschiedlich sind und deshalb auch unterschiedlich „angefasst werden müssen".

2.3 Eigene Denk- und Verhaltensmuster prägen den Führungsstil

Das Handeln eines Menschen ist sehr stark von seinen eigenen Denk- und Verhaltensmustern bestimmt, die unter anderem durch den bisherigen Lebens- und Berufsweg geprägt wurden. Es ist einfach, das Denken und die Verhaltensweisen beizubehalten, die einem selbst zum Erfolg verholfen haben. Ein Meister hat bestimmte Erfahrungen gemacht, die unbewusst in die Führung seiner Mitarbeiter einfließen und zuweilen setzt er deshalb gleiches Denken bei ihnen voraus. Sich dieser Tatsache bewusst zu werden ist der erste Schritt um seinen Führungsstil zu formen. So gibt es Meister, die sich ihren Platz auf eine sehr egoistische und autoritäre Art und Weise erarbeitet haben. Oder andere, die durch große Eigeninitiative und Genauigkeit viel erreicht haben. Andere wiederum waren immer sehr kompromissbereit und sind durch ihre „weichen" Eigenschaften aufgestiegen.

Der Meister darf nicht von seiner Denkweise auf andere schließen.

Fall 1:

In einer Firma mit relativ flachen Hierarchien wird Herr Simons als neuer Vorgesetzter eingesetzt, der die Umsatzzahlen verbessern soll. Herr Simons hat sich durch egoistischen Kampfgeist in seinem ehemaligen Unternehmen durchgesetzt, in dem er unter einer sehr autoritären Führung einen hohen Arbeitseinsatz forderte. Simons entlässt auch mal Personal und erwartet von seinen Mitarbeitern sehr viel. Es kommt vermehrt zu Überstunden. Auf Klagen der Mitarbeiter, dass sie sich überfordert fühlen, reagiert er mit Sätzen wie „Das ist ja wohl lächerlich, da müsst ihr euch halt durchbeißen". Die Motivation sinkt stetig und die Mitarbeiter beginnen zu resignieren.

Fall 2:

Frau Grand war schon in ihrer Ausbildung als Chemisch-Technische-Assistentin die Beste. Aufgrund ihres hervorragenden Fachwissens gelang es ihr in einem Pharmakonzern schon bald, die Leiterin eines dreiköpfigen Projektteams zu werden. Sie wollte ihr Wissen ständig erweitern und kam immer wieder auf neue Ideen. So erfüllte sie mit ihren zwei Mitarbeitern, die auch sehr kompetent waren und eigenständig arbeiten konnten, ihre Aufgabe sehr gut. Schließlich wurde sie Leiterin des gesamten Bereiches, der neunzehn Mitarbeiter umfasste. Frau Grand erwartete auch hier von ihren Mitarbeitern höchste Einsatzbereitschaft und qualifiziertes Fachwissen. Erfüllte ein Mitarbeiter seine Aufgaben nicht gemäß ihren Erwartungen, so half sie ihm nicht, sondern übernahm die Aufgabe selbst und übertrug diesem Mitarbeiter das nächste Mal weniger Verantwortung.

Diese zwei Fälle zeigen, dass Führungskräfte manchmal von ihren Mitarbeitern bestimmte Verhaltensweisen fordern, mit denen sie selbst in der Vergangenheit erfolgreich waren. Pauschal von sich auf andere zu schließen ist aber nicht hilfreich für die vielschichtigen Situationen und Menschen, mit denen Sie als Meister konfrontiert werden.

Das Führungsverhalten wird neben den eigenen Denk- und Verhaltensmustern auch vom persönlichen Menschenbild beeinflusst. McGregor hat in seiner XY-Theorie (Tabelle 2) ein grundsätzlich negatives (X) und ein überwiegend positives (Y) Menschenbild gegenübergestellt.

X-Theorie	Y-Theorie
Der Mensch ist grundsätzlich faul und möchte der Arbeit aus dem Weg gehen.	Mitarbeiter sind motiviert, wenn sie richtig geführt werden.
Mitarbeiter sind nicht ehrgeizig, brauchen Anleitung und möchten keine Verantwortung übernehmen.	Mitarbeiter sind selbstdiszipliniert und verantwortungsvoll und möchten Zielvorgaben erreichen.
Mitarbeiter möchten immer absolute Sicherheit und wollen kein Risiko eingehen.	Jeder Mitarbeiter hat ein Potenzial, das man nutzen kann.
Bestimmte Ziele können nur durch Druck und Sanktionen erreicht werden.	Unternehmensziele werden am ehesten durch Lob, Belohnung und der Möglichkeit die eigene Persönlichkeit zu entfalten, erreicht.
Weil die Mitarbeiter träge und nicht vertrauenswürdig sind, müssen sie straff geführt und ständig kontrolliert werden.	Die Mitarbeiter wollen Verantwortung übernehmen, wenn sie richtig geführt werden.
erfordert eine autoritäre Führung	**ermöglicht eine kooperative Führung**

Tabelle 2: XY-Theorie von Mc.Gregor

Zu welchem Menschenbild tendieren Sie? Ob man sich eher für X oder eher für Y entscheidet: Die Wahl schlägt sich oft im Führungsverhalten nieder. Treffen so beispielsweise viele Sichtweisen der X-Spalte für Sie zu, werden Sie Schwierigkeiten damit haben, Ihre Mitarbeiter eigenverantwortlich und selbstständig handeln zu lassen. Selbstverständlich sind manche Sichtweisen auch durch Erfahrungen im eigenen Betrieb geprägt. Zum Beispiel die, dass die eigenen Mitarbeiter keine Verantwortung übernehmen wollen. Dennoch ist es sinnvoll, sich dadurch nicht den Weg für ein grundsätzlich positives Menschenbild zu versperren.

Kompetent führen, fordern und fördern

Unser Beispiel...

Meister Brehme sieht seinen Mitarbeiter Koswig als träge und unmotiviert. Dieser erledigt seine Aufgaben mittelmäßig, weil er sich unterfordert fühlt. Koswig würde gerne eigenständiger agieren, hat jedoch einen zurückhaltenden Charakter und wagt es nicht von sich aus mit diesem Wunsch auf seinen Vorgesetzten zuzugehen. Meister Brehme leitet ihn in einem sehr strengen Ton genau an und kontrolliert ihn häufig. Bauer fühlt sich von seinem Meister zurückgesetzt und sieht irgendwann keinen Raum mehr für seine Eigeninitiative. So macht er einfach nur noch seine Arbeit. Der Meister fühlt sich bestätigt und denkt, dass sein Führungsstil der richtige ist.

...und unsere Meinung

Dieser Fall zeigt deutlich, wie durch Fehleinschätzungen Mitarbeiter gebremst und demotiviert werden können. Würde Meister Brehme seinen Mitarbeiter Koswig anders einschätzen und seine eigentliche Einstellung zur Arbeit erkennen, so könnte er ihn fördern und motivieren statt ihn zu frustrieren.

Fazit:

Jeder Meister hat seine eigenen persönlichen Werte, Einstellungen, Erfahrungen und Umgangsformen und diese bestimmen auch ganz entscheidend seinen Führungsstil.

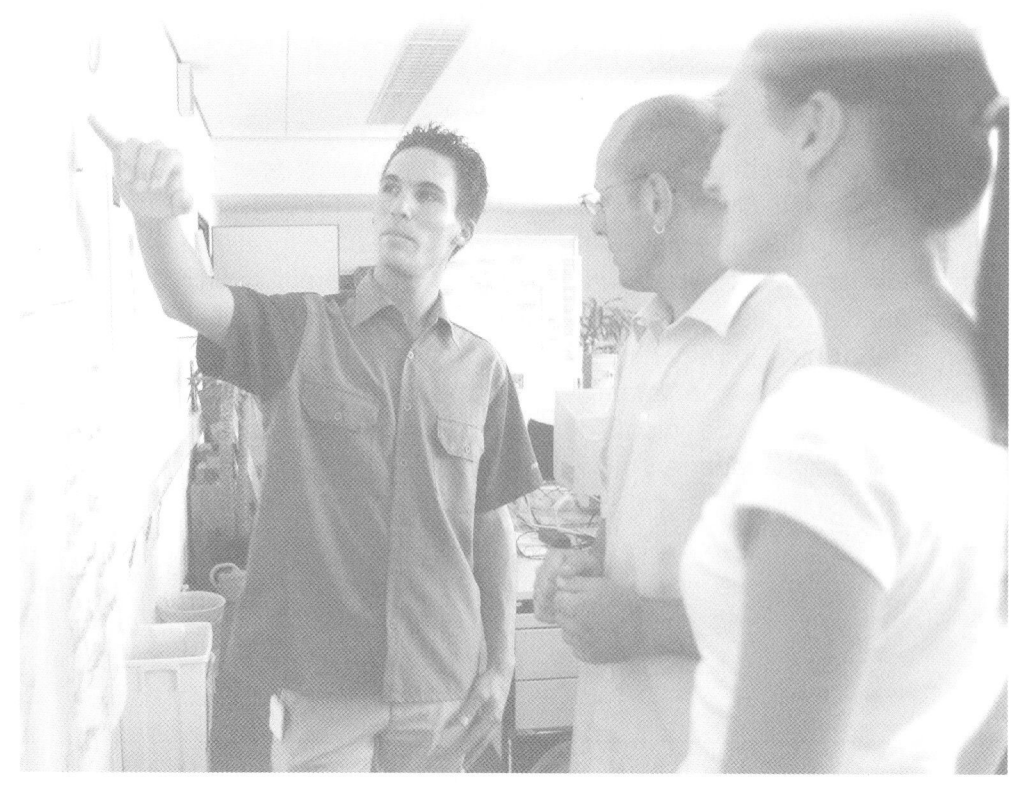

Kompetent führen, fordern und fördern

Arbeitsblatt 3:

Tragen Sie bitte in das Arbeitsblatt Ihre persönlichen Werte und Glaubenssätze ein.

Thema	Glaubenssatz: „Ich glaube, dass Mitarbeiter..."
Verantwortung	Beispiel: gerne Verantwortung übernehmen, wenn Sie den entsprechenden Rückhalt verspüren.
Kontrolle	
Anleiten	
Information	
Motivation/ Arbeitshaltung	
Innovation und Kreativität	
Meinungsaustausch	
Verhältnis Meister/ Mitarbeiter	

Kompetent führen, fordern und fördern

2.4 Typische Verhaltens- und Denkweisen der Mitarbeiter sehen und verstehen

„Warum denken die bloß nicht mal einen Schritt weiter?"

Vermutlich bemerken Sie oft, dass Sie als Meister einen anderen Blick für Ihre Arbeit haben als Ihre Mitarbeiter. Vielleicht können Sie häufig nicht nachvollziehen, warum diese nicht mitdenken oder zu wenig Wert auf Qualität legen. Selbst wenn Ihr Ärger nachvollziehbar und in der Regel wohl auch berechtigt ist, sollten Sie davon Abstand nehmen, von sich auf ihre Mitarbeiter zu schließen.

Manche Kollegen haben eine andere Einstellung und Arbeitshaltung, weil sie unter anderen Voraussetzungen arbeiten, anders denken und somit auch anders handeln. Für ein besseres Verständnis ist es hilfreich, sich den Wandel in der Arbeitswelt vor Augen zu führen (vgl. Tabelle 3). Noch vor ungefähr zwanzig Jahren war es weitestgehend problemlos möglich, sich in der Wahl seines Arbeitsplatzes nach seinen Vorlieben zu richten. Ob Kfz-Mechaniker oder Schreiner, in der Regel gab es für fast jeden Beruf ausreichend Ausbildungs- und Arbeitsplätze.

Heute ist es für viele Menschen schwierig, eine Stelle in dem von ihnen gewünschten Beruf zu finden. Sie sind oft gezwungen Arbeitsstellen anzunehmen, die nicht ihrem Wunschberuf entsprechen. Dazu kommt, dass der Arbeitsplatz nicht selten durch einen weiteren Job ergänzt werden muss, um die Familie ausreichend versorgen zu können.

Jeder Mensch denkt und handelt anders!

Früher	Heute
Es war oft problemlos möglich, die Arbeit nach seinen Vorlieben und seiner Berufsausbildung zu wählen.	Oft muss man die Arbeitsstelle annehmen, die der Arbeitsmarkt gerade bietet.
Der Job war normalerweise von Dauer.	Häufig werden Zeitverträge abgeschlossen, man muss mit dem Verlust seines Arbeitsplatzes rechnen.
Ein Job reichte, um wirtschaftliche Sicherheit für die Familie zu bieten.	Neben einem Hauptjob ist häufig ein Nebenjob nötig, um den Lebensunterhalt für sich und seine Familie zu sichern.
In der Regel arbeitete ein Familienmitglied, meistens der Mann; so gab es eine klare Aufgaben- und Zeitverteilung mit einfachen Strukturen.	Auch die Frau trägt zum Lebensunterhalt bei, indem sie nebenbei arbeitet. Ein größerer Organisationsaufwand, der Zeit, Geld und Nerven kostet, ist nötig.
Der Arbeitsplatz war gut erreichbar. Ein Ortswechsel war selten nötig.	Um zur Arbeitsstelle zu gelangen müssen größere Wege in Kauf genommen werden. Die Bereitschaft zum Pendeln wird vorausgesetzt.

Tabelle 3: Die Arbeitswelt im Wandel

Kompetent führen, fordern und fördern

Die dargestellten Veränderungen treffen natürlich nicht jede Branche und jeden Beschäftigten in gleicher Weise. Mögliche negative Folgen dieser Veränderungen können aber sein:

Mitarbeiter…

- identifizieren sich wenig mit ihrer Arbeit und dem Betrieb.
- engagieren sich nicht übermäßig, sondern machen hauptsächlich „Dienst nach Vorschrift".
- sind aufgrund eines größeren Zeitaufwandes (Anfahrtsweg, Zweitjob) übermüdet und unkonzentriert.

Die Aufgabe des Meisters besteht nun darin, aus dieser Erkenntnis (die richtigen) Konsequenzen zu ziehen. Natürlich kann der Meister nicht uneingeschränkt alle unterschiedlichen Bedingungen seiner Mitarbeiter akzeptieren und für jeden Einzelfall Rücksicht üben. Grundsätzlich muss jeder Mitarbeiter gewissenhaft arbeiten und die Anforderungen erfüllen, die an ihn gestellt werden. Der Meister sollte es aber schaffen, die Unterschiede in sein Verhalten gegenüber seinen Mitarbeitern einzubeziehen. Die Kunst besteht darin, das richtige Maß zwischen **fordern** und **fördern** zu finden.

Der Meister sollte das richtige Maß zwischen fordern und fördern finden

Fallbeispiel

> Herr Koller ist seit drei Jahren in einer Druckerei beschäftigt. Er hat als Leiharbeiter angefangen und sich dann langsam hochgearbeitet. Er ist dankbar für den Job, hat aber als ausgebildeter Elektriker nie Leidenschaft für die Druckbranche entwickelt. Zudem arbeitet er manchmal noch als Taxifahrer, da es sonst kaum zur Finanzierung des Eigenheims und zum Unterhalt für die Familie reicht. So fällt es ihm schwer, immer voll hinter seiner Arbeit zu stehen. Im Vordergrund steht für ihn oft das „Brötchen"-Verdienen. Ist er zudem noch übermüdet, fehlt es ihm an Konzentration, Geduld und Nerven. Sein Wunsch in Bezug auf seinen Arbeitsplatz ist es, einen passenden Rahmen vorzufinden, der ihm eine möglichst einfache und reibungslose Erledigung seiner Arbeit ermöglicht. So sollten die Maschinen gut laufen, alle nötigen Arbeitsmittel sollten bereitliegen, es sollten keine Störungen auftreten und keine Auseinandersetzungen mit Kollegen den Ablauf stören.

…und unsere Meinung

Herr Koller ist bereit, seine Arbeit ordentlich zu erledigen, auch wenn er nicht in seinem eigentlichen Ausbildungsberuf tätig ist. Seine Einstellung zu seiner Arbeit stimmt, er ist weder faul noch unzuverlässig, er ist lediglich aufgrund der Lebensumstände nicht so belastbar. Falsch wäre es sicherlich, ihm dies zum Vorwurf zu machen und ihn ständig auf Fehler hinzuweisen, wenn der Arbeitsablauf nicht ernsthaft gestört wird. Ein Schritt in die richtige Richtung ist es, ihm seinen Arbeitsplatz so zu gestalten, dass er nicht unnötig belastet wird. Um seine Motivation zu fördern hilft ihm ein Lob für Tätigkeiten, die er gut erledigt hat.

Vielleicht stehen auch Sie mit einem ihrer Mitarbeiter ein wenig „auf Kriegsfuß"? Nehmen Sie sich bitte etwas Zeit und tragen Sie in die folgende Tabelle Denk- und Verhaltensweisen von Mitarbeitern aus Ihrem Bereich ein, die Sie ärgern.

Kompetent führen, fordern und fördern

Arbeitsblatt 4: Arbeitshaltung von Mitarbeitern

Thema	Mitarbeiter.................................. Konkretes Ärgernis
Identifikation mit der Abteilung und dem Betrieb	
Arbeitsmotivation	
Verhalten gegenüber Kollegen und Vorgesetzten	
Arbeitsqualität	

Überlegen Sie nun, welche dieser Denk- und Verhaltensweisen bei näherer Betrachtung akzeptabel sind und was Sie andererseits zukünftig nicht tolerieren wollen.

_____
_____
_____
_____

Kompetent führen, fordern und fördern

2.5 Der Einfluss des Meisters auf das Betriebsklima

Für viele Beschäftigte ist ein gutes Betriebsklima von besonderer Bedeutung, um selbst motiviert und leistungsfähig zu arbeiten. Das ist auch verständlich, denn schließlich verbringt ein Beschäftigter oftmals einen größeren Teil seiner Tageszeit im Betrieb als zu Hause. Daher ist der Wunsch nach einem „Wohlfühlklima" an der Arbeitsstätte für viele auch genauso ausgeprägt wie in den eigenen vier Wänden. Es gibt keine allgemeine Definition dafür, was genau ein „gutes Betriebsklima" ist, wir können aber an einigen Kriterien festmachen, wodurch das Betriebsklima geprägt wird.

Viele Mitarbeiter wollen sich im Betrieb genauso wohl fühlen wie in den eigenen vier Wänden

Dazu gehören:

- die Führungskultur d.h. die Haltung der Vorgesetzten zu ihren Mitarbeitern
- die Art und Weise, wie Ziele vermittelt und umgesetzt werden
- die Stimmung in den Abteilungen und zwischen verschiedenen Abteilungen
- der Grad der Offenheit bei der Kommunikation
- die Art und Weise, wie über andere Mitarbeiter und Abteilungen geredet wird
- die Atmosphäre in abteilungsübergreifenden Besprechungen
- die Weitergabe von Informationen
- der Umgang mit Konflikten

Sind diese Kriterien negativ belastet, so kommt es zu einem schlechten Betriebsklima. Ein schlechtes Betriebsklima wirkt sich auf verschiedene Bereiche aus. So werden Produkte in mangelnder Qualität erzeugt, es wird weniger produziert, der Krankenstand wird überdurchschnittlich hoch und es kommt zu einer hohen Fluktuation der Mitarbeiter. Dadurch wird natürlich auch das Betriebsergebnis negativ beeinflusst.

- Überwiegend durchschnittliche Arbeitsmotivation
- Zunahme der Konfliktfälle
- Mitarbeiterpotenziale werden nicht erkannt und genutzt
- Mitarbeiter zeigen kein Interesse an der Geschäftsentwicklung
- Keiner ist bereit sich für den anderen einzusetzen

→

- Ziele werden nicht verfolgt
- Unzureichende Kommunikation und Austausch
- Es wird nach Schuldigen statt nach Lösungen gesucht
- Missstände werden hingenommen
- Schlechte Arbeitsergebnisse/ mangelnde Arbeitsqualität
- Resignation und Stillstand

Schaubild 9: Merkmale und Folgen eines schlechten Betriebsklimas

Kompetent führen, fordern und fördern

Wachsender Arbeitsdruck und Stress als Ursache eines schlechten Betriebsklimas?

Viele Arbeitnehmer klagen über den wachsenden Arbeitsdruck, der gerade in den letzten Jahren stark zugenommen hat (vgl. Schaubild 10). Verantwortlich für diesen Druck sind beispielsweise:

- stärkere Wettbewerbsbedingungen
- der Zwang der Betriebe, bei möglichst sinkenden Kosten eine hohe Leistung der Arbeitnehmer einzufordern
- hohe Kundenanforderungen und dadurch kürzere Vorlaufzeiten
- höhere Variantenvielfalt in der Produktpalette
- kürzere Produktlebenszyklen

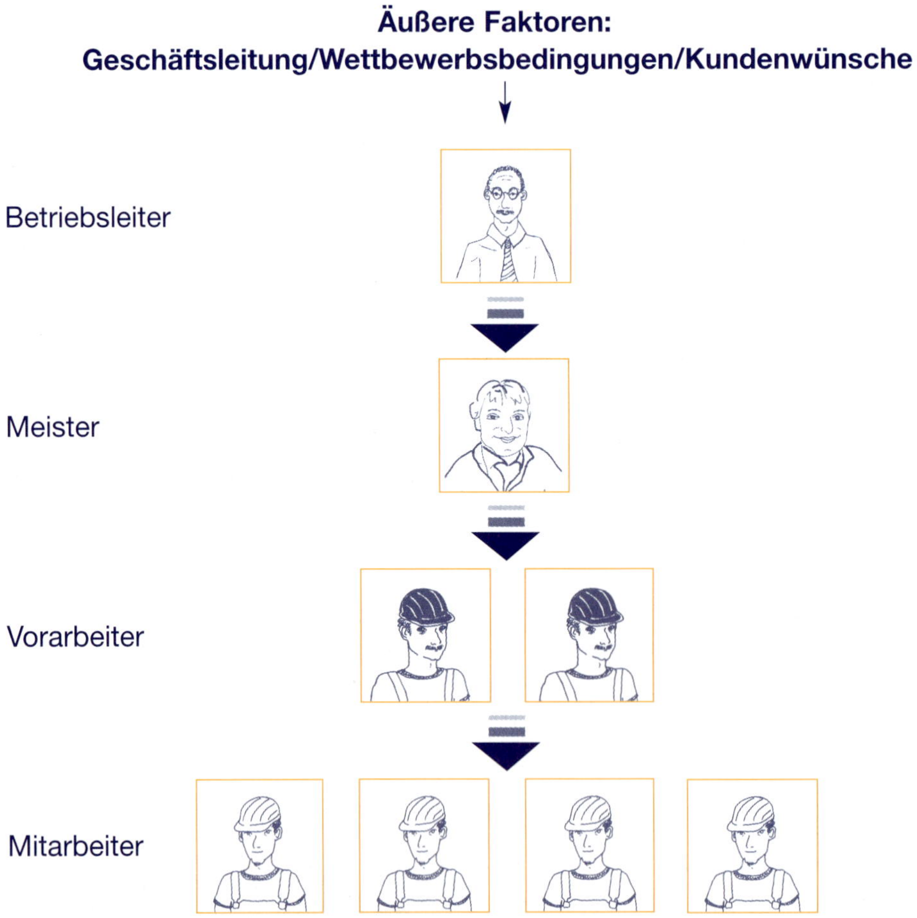

**Äußere Faktoren:
Geschäftsleitung/Wettbewerbsbedingungen/Kundenwünsche**

Betriebsleiter

Meister

Vorarbeiter

Mitarbeiter

Der Arbeitsdruck wird von einer Ebene auf die nächste weitergegeben.

Schaubild 10

So sehr die äußeren Umstände den Druck erklären, der von einer Hierarchiestufe auf die nächste übertragen wird, so klar muss auch sein, dass er im Ergebnis eher kontraproduktiv wirkt, denn **kaum ein Mensch erbringt höhere und bessere Leistung unter erhöhtem Arbeitsdruck!**

So sieht beispielsweise die internationale Arbeitsorganisation den Stress am Arbeitsplatz als das **zentrale Gesundheitsproblem** des 21. Jahrhunderts an. Millionen Beschäftigte klagen demnach über wachsenden Leistungsdruck bei immer knapperen Terminen und einem sich verschlechternden Betriebsklima.

Einflussmöglichkeiten des Meisters

„Ich handle so, wie ich denke!" Dieser Satz trifft auf die meisten Menschen zu. Für die Führungsarbeit bedeutet er: Die innere Einstellung des Meisters und „der Umgang mit sich selbst" spiegeln sich auch in seinem Führungsverhalten wider. Wie gehen Sie beispielsweise mit dem Arbeitsdruck und dem Stress um? Leiden Sie eventuell so sehr darunter, dass Sie oftmals schlecht gelaunt sind, Ihre Mitarbeiter unfair behandeln oder schlichtweg Ihre Führungsarbeit vernachlässigen, weil Sie genug mit sich selbst zu tun haben? In einem solchen Falle sollten Sie sicher an Ihrem Selbstmanagement arbeiten. Ein erster Schritt besteht darin, in Kapitel 9.1 den Fragebogen zu bearbeiten, damit Sie sich zunächst über Ihr eigenes Verhalten klarer werden.

Eine positive Einstellung des Meisters überträgt sich auf seine Mitarbeiter.

Vielen Führungskräften ist nicht bewusst, welch großen Einfluss sie auf das Betriebsklima in ihrem Bereich haben. Geht vom Meister beispielsweise eine „positive Energie" aus, wirkt sich das direkt auf seine Mannschaft aus. Sie sollen nun nicht zum Schauspieler werden, der immer mit einem Lächeln durch den Betrieb läuft, aber beobachten Sie sich doch einmal etwas bewusster, was Sie ausstrahlen. Manchmal kann es dazu auch sehr sinnvoll sein, sich mit Kollegen auszutauschen oder ein Coaching in Anspruch zu nehmen.

Zu dem Klima in einem Betrieb trägt das Führungsverhalten des Meisters also viel bei. Der Meister leistet einen Beitrag zu einem guten Betriebsklima, wenn er

eigene negative Emotionen und Stress unter Kontrolle hat

Der Meister vermeidet Anspannungen, wenn er auch unter Druck und Stress kontrolliert mit seinen Emotionen umgeht und seinen Mitarbeitern zeigt, dass man trotzdem gute Arbeitsergebnisse erzielen kann. So wird er auch in schwierigen Situationen eine positive Resonanz von seinen Mitarbeitern ernten.

Interesse für seine Mitarbeiter zeigt und Kontakt zu ihnen pflegt

Fühlen sich die Mitarbeiter wertgeschätzt und akzeptiert, so herrscht eine gute Stimmung. Ein Meister sollte sich deshalb angemessen für seine Mitarbeiter interessieren, sich ab und zu nach ihrem Befinden erkundigen und immer mal wieder kurz das Gespräch mit ihnen suchen. Darüber hinaus ist es wichtig, Männer und Frauen ebenso gleich zu behandeln wie deutsche und ausländische Mitarbeiter.

auftretende Probleme offen anspricht und Gerüchten entgegenwirkt

Zum einen wird die Gefahr gebannt, dass „aus einer Mücke ein Elefant wird", zum anderen kann für ein Problem nur gemeinsam eine Lösung gefunden werden, wenn es ausgesprochen wird. Der Meister sollte auch nach Möglichkeit die „Gerüchteküche" eindämmen, indem er deutlich macht, dass er nichts davon hält, wenn Mitarbeiter „hinterrücks" Geschichten verbreiten.

lobt und Kritik berechtigt und konstruktiv äußert

Lob für gute Leistung verbreitet gute Stimmung und motiviert, konstruktive Kritik hilft, sich weiterzuentwickeln statt im Trott zu versinken.

Anweisungen unmissverständlich und deutlich formuliert und weitergibt

Sagt der Meister deutlich, was er will, so kommt es seltener zu Missverständnissen, die schlechte Stimmung hervorrufen können. Wenn jeder weiß, wer für was zuständig ist, so kann keiner dem anderen die Verantwortung übertragen und sich bei auftretenden Problemen aus der Affäre ziehen. Zudem ist es befriedigend zu wissen, wie das Arbeitsergebnis genau aussehen soll.

vorbildlich mit anderen Abteilungen umgeht

Zeigt der Meister einen respekt- und achtungsvollen Umgang mit anderen Abteilungen, stellt er ein gutes Vorbild für seine Mitarbeiter dar. Ein schlechtes Betriebsklima entsteht schnell, wenn es zur guten Gewohnheit wird, über andere Abteilungen herzuziehen!

Beispiele:

So schafft der Meister ein gutes Betriebsklima...

Zu Beginn der Woche findet eine Gruppenbesprechung für alle Mitarbeiter statt. Nachdem Bähr seine Mitarbeiter mit Handschlag begrüßt hat, geht die Sitzung los. Nach dem Rückblick auf die letzte Woche stellt der Meister einen Wochenplan auf. Darin werden die verschiedenen Projekte im groben Rahmen auf die Mitarbeiter verteilt. In den folgenden Einzelbesprechungen werden dann die Aufgaben und die Ziele für die Woche klar definiert.

...oder verschlechtert es...

Meister Damson ist fünfundvierzig Jahre alt und arbeitet schon seit achtzehn Jahren im Betrieb. Er ist ausgebildeter Ingenieur, hat sich aber nie effektiv weitergebildet. Sein Wissen ist daher noch auf dem Stand von vor zehn Jahren. Auf Hinweise von seinen Mitarbeitern reagiert er nicht und akzeptiert keine andere Meinung als seine eigene. Kommt es zu schlechten Produktionsergebnissen, die auch auf das veraltete Wissen zurückzuführen sind, macht er seine Mitarbeiter verantwortlich. Nach und nach grenzen sich die Mitarbeiter immer mehr von Meister Damson ab und erledigen ihre Arbeit unmotiviert, da eigene Ideen nicht akzeptiert werden.

Kompetent führen, fordern und fördern

Fluktuation, Krankenstand und Fehlzeiten

Die Ursachen für diese Faktoren müssen nicht in einem schlechten Betriebsklima liegen. Sicherlich gibt es auf Seiten der Mitarbeiter oft persönliche Gründe für eine Kündigung oder Krankheit. Betriebliche Gründe sind aber oft ausschlaggebend. Erwiesen ist darüber hinaus, dass viele körperliche Beschwerden seelische Ursachen haben, die auch von Ängsten und Stress im Arbeitsalltag herrühren können. Was aber auch immer die Gründe für zunehmende Fluktuation oder Krankenstände sind, die Auswirkungen für den Betrieb und den Meister sind negativ:

Probleme im Betrieb sind oft die Ursache für Fehlzeiten, Krankenstände und Fluktuation.

- In dem betroffenen Produktionsbereich müssen kurzfristige personelle Veränderungen vorgenommen werden, beispielsweise durch Versetzung von Mitarbeitern oder dem Einsatz von Leiharbeitern.
- Erfahrene Mitarbeiter müssen ersetzt werden. Die Einarbeitung neuer Mitarbeiter ist äußerst zeitintensiv und kann in der Anfangsphase zu Produktions- und Qualitätseinbußen führen.
- Bestehende Teams müssen gegebenenfalls umstrukturiert werden, was zu Störungen führen kann.
- Der Meister und die Vorarbeiter müssen sich verstärkt um personelle Dinge kümmern und vernachlässigen zwangsläufig den Produktionsablauf.

Der Meister ist natürlich kein Arzt oder Therapeut, aber er kann durchaus auch vorbeugend einige Maßnahmen ergreifen, um potenzielle Fehlzeiten zu reduzieren. So kann er...

- darauf achten, ob Mitarbeiter zunehmend über Beschwerden klagen, und ob diese Beschwerden etwas mit dem Arbeitsplatz zu tun haben
- Mitarbeiter umsetzen oder Ihnen bestimmte Arbeiten abnehmen lassen
- Arbeitsteams umbesetzen, wenn er vermehrte Spannungen wahrnimmt
- regelmäßig mit seinen Mitarbeitern „im Gespräch" bleiben, um negative Veränderungen zu erfassen

Da das Betriebsklima maßgeblich von Ihnen beeinflusst wird, ist es von entscheidender Bedeutung, dass Sie sich mit Ihrem persönlichen Führungsstil und seiner Wirkung auf die Mitarbeiter auseinander setzen. Bearbeiten Sie hierzu bitte den nachstehenden Fragebogen.

Kompetent führen, fordern und fördern

Arbeitsblatt 5: Führungsstil und Führungsverhalten

	kaum				sehr
	1	2	3	4	5

Sind Sie sicher, dass Ihre Mitarbeiter Inhalt und Ziel Ihrer Arbeitsaufgabe genau kennen? ☐ ☐ ☐ ☐ ☐

Haben Sie eine klare Vorstellung davon, inwieweit Ihre Mitarbeiter sich für ihre Aufgabe eignen? ☐ ☐ ☐ ☐ ☐

Beziehen Sie Ihre Mitarbeiter in Entscheidungen mit ein? ☐ ☐ ☐ ☐ ☐

Teilen Sie Ihrer Mannschaft wichtige Informationen sofort mit? ☐ ☐ ☐ ☐ ☐

Halten Sie mit Ihren Mitarbeitern regelmäßige Treffen ab? ☐ ☐ ☐ ☐ ☐

Werden Sie von Mitarbeitern um Unterstützung gebeten, wenn diese sich bei einer Aufgabe überfordert fühlten? ☐ ☐ ☐ ☐ ☐

Führen Sie regelmäßige Kontrollen durch? ☐ ☐ ☐ ☐ ☐

Sprechen Sie mit Ihren Mitarbeitern über ihre Leistungen (Anerkennen der Leistung, kritisieren)? ☐ ☐ ☐ ☐ ☐

Pflegen Sie die Kommunikation mit anderen Abteilungen des Unternehmens? ☐ ☐ ☐ ☐ ☐

Wissen Sie welche Mitarbeiter zu einem beruflichen Aufstieg bereit sind und ob sie die dazu erforderlichen Kompetenzen erfüllen? ☐ ☐ ☐ ☐ ☐

Führen Sie mit Ihren Mitarbeitern auch mal persönliche Gespräche? ☐ ☐ ☐ ☐ ☐

Bekommen Sie Feedback von Ihren Mitarbeitern über Ihr Führungsverhalten? ☐ ☐ ☐ ☐ ☐

2.6 Mitarbeiter beurteilen

In vielen Betrieben gehören Beurteilungen zum festen Bestandteil der Personalführung. Der Mitarbeiter hat außerdem einen gesetzlichen Anspruch auf eine Beurteilung, da er nach § 82 BetrVG (Betriebsverfassungsgesetz) verlangen kann, dass die Beurteilung seiner Leistung sowie seine beruflichen Entwicklungschancen mit ihm besprochen werden. Beurteilungen können in Form einer Leistungsbeurteilung zudem eine direkte Auswirkung auf das Einkommen des Mitarbeiters haben. Grundsätzlich sind Mitarbeiterbeurteilungen wertvolles Führungsinstrument, wenn dieses Instrument konstruktiv eingesetzt wird.

Der Mitarbeiter kann verlangen, dass seine Leistung beurteilt wird.

Die Ziele von Beurteilungen sind:

- Verbesserung der persönlichen Beziehung zwischen Vorgesetztem und Mitarbeiter
- Erfassung des Leistungsstandes des Mitarbeiters (Soll/Ist-Abgleich)
- Vereinbarung neuer Leistungsziele
- Förderung des Selbstvertrauens und der Motivation des Mitarbeiters
- Festigung des Vertrauensverhältnisses zwischen Vorgesetztem und Mitarbeiter

Bei vielen Mitarbeitern haben Beurteilungen ein eher negatives Image. Dies hängt insbesondere damit zusammen, dass Vorgesetzte Beurteilungsgespräche manchmal mit einer „Generalabrechnung" mit dem Mitarbeiter gleichsetzen. Beurteilungen haben aber viele positive Aspekte, wie folgende Tabelle zeigt:

Vorteile von Beurteilungen für ...

den Meister	den Mitarbeiter
• Positive und negative Eindrücke können detailliert besprochen werden	• Leistungsdefizite können erkannt werden, der Mitarbeiter weiß, „wo er steht"
• Regelmäßige Beurteilungen geben den Leistungsstand des Mitarbeiters wider	• Die Beurteilung bietet einen gewissen Schutz vor willkürlicher Einschätzung, da ein betrieblicher Beurteilungsrahmen vorliegt
• Es können neue Leistungsziele und Erwartungen formuliert werden	• Die Beurteilung gibt deutliche Hinweise auf Leistungsdefizite, bevor es zu möglichen arbeitsrechtlichen Maßnahmen (z.B. Abmahnung, Kündigung) kommt
• Er muss sich mit den Leistungen und Empfindungen der Mitarbeiter auseinander setzen; dadurch kann er seine Führungsarbeit abstimmen und verbessern.	• Leistungsziele und Erwartungen werden deutlich
• Das Vertrauensverhältnis zum Mitarbeiter wird gestärkt	• Die Motivation wird gesteigert
	• Das Vertrauensverhältnis zum Meister wird gestärkt

Tabelle 4: Vorteile einer Beurteilung

Um diese Vorteile von Beurteilungen zu erzielen, sollten im Betrieb wesentliche Beurteilungsgrundsätze beachtet werden. Hierzu gehören:

- Umfassende Information an die Mitarbeiter über das betriebliche Beurteilungssystem
- Regelmäßigkeit der Beurteilung
- Ausführliche Vorbereitung und Durchführung der Beurteilungsgespräche
- Schriftliche Fixierung der Beurteilung

Beurteilungsfehler

In der Praxis können unbewusst oder aus Unkenntnis verschiedene Beurteilungsfehler gemacht werden. Einleitend ein kleines Beispiel:

> Die Meister Krug und Hicks führen abseits der Meisterrunde folgendes Gespräch:
> Krug: „Du, ich bin mal gespannt, ob der Schlosser Schmidt heute wieder zwei Minuten vor Feierabend an der Stechuhr steht, das macht er in letzter Zeit immer."
> Hicks: „Führe doch mal ein Beurteilungsgespräch mit ihm. Ich mache das auch immer, wenn es bei einigen Herren mal wieder Zeit ist, ihnen einiges klar zu machen!"

Ein typischer Beurteilungsfehler liegt darin, ein kritisches Verhalten zum Anlass zu nehmen, den Mitarbeiter zu beurteilen. Das Gespräch und vermutlich auch die Gesamtbeurteilung sind dadurch von vorne herein negativ beeinflusst.

Weitere klassische Beurteilungsfehler sind:

Vorurteil oder erster Eindruck: Der Meister lässt sich vom ersten Eindruck positiv oder negativ leiten. Dies kann zu einer Verzerrung der tatsächlichen Entwicklung eines Mitarbeiters führen. Vorurteile aufgrund des äußeren Erscheinungsbildes oder besonderer Vorkommnisse können ebenfalls zu einem verzerrten Bild führen.

Tendenz zur Mitte: Der Meister kann sich nicht auf eine gute oder schlechte Bewertung festlegen und macht es sich leicht, in dem er eine durchschnittliche Bewertung wählt.

Mildefehler: Der Meister will den Mitarbeiter nicht schlecht bewerten und lässt „Milde vor Recht" ergehen. Diese Haltung schadet dem Mitarbeiter aber eher, da er nicht weiß, welches Verhalten er ändern soll, um langfristig eine bessere Arbeitsleistung zu erbringen.

Kompetent führen, fordern und fördern

Der Hof- oder Halo-Effekt: Bei diesem Effekt handelt es sich um eine Überbewertung eines Kriteriums. So wie der „Hof" des Mondes die eigentlichen Ausmaße des Mondes überschreitet und alles überstrahlt, so werden vielleicht besonders kommunikativen Mitarbeitern auch überdurchschnittliche handwerkliche Fähigkeiten zugesprochen, obwohl diese gar nicht vorhanden sind.

Der Sympathie-Effekt: Ob man will oder nicht, Mitarbeiter, die einem sympathisch sind, werden unbewusst besser beurteilt als andere. Die Mitarbeiter haben gerade dafür ein besonderes Gespür und so kursiert oft die Meinung: „Der beurteilt doch eh nur nach der Nase, wie sie ihm passt." Hier muss sich der Meister immer wieder auf seine Fairness und Neutralität besinnen.

Das nächste Beispiel vereint einige dieser Beurteilungsfehler:

> Im Bereich von Meister Bär hat vor fünf Monaten der Elektriker Haun angefangen. Die Personalabteilung beauftragt Meister Bär mit der Beurteilung vor Ende der Probezeit. Meister Bär will den Mitarbeiter Haun behalten, ist aber auch noch nicht vollends zufrieden mit ihm. Von Anfang an haben ihn seine vielen Piercings und seine schludrige Kleidung gestört. Andererseits arbeitet Haun aber engagiert und ist schneller als manch erfahrener Kollege. Generell mag Bär diese Beurteilungen ohnehin nicht gerne. Er will aber niemandem etwas verbauen und eine vernünftige Leistungszulage gewähren. Er gestaltet die Beurteilung so, dass er insgesamt auf 20 Punkte kommt. Das entspricht einem guten Mittelwert und bringt dem Mitarbeiter eine Zulage von 4%. Wie er die einzelnen Kriterien bewertet ist ihm eher egal, Hauptsache er kommt auf diesen Wert, damit müsste auch Mitarbeiter Haun zufrieden sein. Denn letztlich kann es ja auch nicht angehen, dass der Neue womöglich mehr bekommt als ältere Kollegen...

Fallbeispiel

Was wird beurteilt?

Eine Beurteilung umfasst generell die Kriterien Fachkompetenz, Sozialkompetenz und Methodenkompetenz. Die Personalabteilungen verfassen in der Regel einen Beurteilungsbogen, der mit dem Betriebsrat abgestimmt sein muss und für alle Abteilungen gilt. Der Meister muss aber überprüfen, wie und in welchen Umfang die einzelnen Kriterien auf die jeweiligen Arbeitsplätze Anwendung finden. Er muss sich also beispielsweise Gedanken darüber machen, wie er das Kriterium „Ordnung" für die einzelnen Mitarbeiter und Arbeitsplätze bewertet. Es ist sehr wichtig, dass der Meister sich genau damit auseinander setzt, welche Maßstäbe jeweils gelten, weil natürlich nicht jedes Beurteilungskriterium für jeden Arbeitsplatz gleich bewertet werden kann. Die Mitarbeiter sind hierfür sehr sensibel und schnell kann ein Gedanke aufkommen wie: „Der hat sich doch gar keine Gedanken darüber gemacht, dass dieser Punkt bei uns gar nicht bewertet werden kann!"

Passt der genormte Beurteilungsbogen für den ganzen Betrieb auch auf den individuellen Arbeitsplatz in der Produktion?

Kompetent führen, fordern und fördern

Zur Unterstützung kann der Meister nach folgendem Muster sein eigenes Beurteilungsschema entwerfen:

Beobachtung und Beschreibung des Mitarbeiterverhaltens

Beobachten des Mitarbeiters

Der Meister sollte sich den Beurteilungsbogen genau anschauen und sich immer wieder mal Notizen machen, wenn ihm bei Mitarbeitern Dinge – positiv wie negativ – auffallen. So hat er eine gute Grundlage für seine Beurteilung und kann im Gespräch auf konkrete Beispiele hinweisen.

„wie geht er mit den Kollegen um?"

„macht er Verbesserungsvorschläge?"

„weist er auf Fehler und Qualitätsmängel hin?"

„hält er seinen Arbeitsplatz so ordentlich wie möglich?"

Bewertung der gewonnenen Eindrücke

Der Meister muss nun seine Beobachtungen und Notizen in einer Leistungsbewertung verdichten. Insbesondere bei einer schlechten Bewertung sollte er sich die konkreten Beispiele noch einmal vor Augen führen, um diese mit dem Mitarbeiter im Beurteilungsgespräch zu diskutieren.

Beurteilungsbogen

- Umgang mit den Kollegen
- Ordnung
- Auffassungsgabe
- Arbeitsorganisation

Schaubild 11

Kompetent führen, fordern und fördern

Beurteilungsgespräche führen

Beurteilungsgespräche verlaufen oftmals unbefriedigend, weil der beurteilte Mitarbeiter mit einem schlechten Gefühl aus dem Gespräch geht. Das Hauptziel eines Beurteilungsgespräches sollte immer sein, dass beide Beteiligten eine gute Basis für die weitere Zusammenarbeit legen.

Ein konstruktives Beurteilungsgespräch untergliedert sich in folgende Schritte:

1. Vertrauensvolle, positive Gesprächsatmosphäre schaffen. Das Gespräch sollte mit Smalltalk eingeführt werden, um die Anspannung des Mitarbeiters zu mildern.

2. Dem Mitarbeiter soll der Sinn eines Beurteilungsgespräches deutlich gemacht werden. Dies gilt insbesondere vor dem ersten Beurteilungsgespräch. Der Meister soll dem Mitarbeiter vermitteln, dass er durch das Gespräch die Möglichkeit hat, sich weiter zu entwickeln. Um das Potenzial von Beurteilungsgesprächen zu nutzen, ist es wichtig, dass der Meister die angebrachte Kritik in erreichbare Ziele umformuliert und so gemeinsam mit dem Mitarbeiter Perspektiven schafft.

3. Der Mitarbeiter wird um Stellungnahme zu den einzelnen Beurteilungspunkten gebeten und der Mitarbeiter gibt seine Stellungnahme zu den einzelnen Beurteilungspunkten ab.

4. Der Meister bespricht mit dem Mitarbeiter die Bewertung. Gegebenenfalls wird die bisherige Einschätzung korrigiert. Aufgepasst! Der Meister sollte nicht die einzelnen Punkte „verhandeln" und sich zu einer besseren Bewertung überreden lassen. Aber er sollte so offen sein, eine Fehleinschätzung zu verändern.

5. Der Meister und der Mitarbeiter legen gemeinsam die neuen Leistungsziele fest und verbessern die kritischen Punkte.

6. Der Meister sollte das Gespräch positiv beenden. Der Meister kann zuversichtlich in die Zukunft blicken, gute Leistungen nochmals hervorheben oder das Gespräch im Smalltalk ausklingen lassen.

Für ein solches Gespräch sollte sich der Meister mindestens eine Stunde Zeit nehmen und sich gut vorbereiten.

Bedenken Sie: Der Meister kann in einem Beurteilungsgespräch die Motivation oder Demotivation des Mitarbeiters für die kommenden Monate entscheidend beeinflussen!

Kompetent führen, fordern und fördern

**Beispiel:
Auszug eines Beurteilungsbogens**

Abteilung: _____

	die Anforderungen wurden sehr häufig übertroffen	die Anforderungen wurden häufig übertroffen	die Anforderungen wurden erfüllt	die Anforderungen wurden in der Regel erfüllt	...
	sehr gut	gut	befiredigend	ausreichend	...
1. Persönliches Verhalten:					
Soziale Kompetenz: ist hilfsbereit und kommunikativ	☐	☐	☐	☐	☐
Ordnung: hält Ordnung am Arbeitsplatz	☐	☐	☐	☐	☐
Zuverlässigkeit: ist pünktlich und erledigt die Aufgaben zuverlässig	☐	☐	☐	☐	☐
2. Fähigkeiten:					
Auffassungsgabe: zeigt eine schnelle Auffassungsgabe und Verständnis für neue Aufgaben	☐	☐	☐	☐	☐
Lern- und Arbeitsbereitschaft: zeigt Interesse an neuen Inhalten und Aufgaben	☐	☐	☐	☐	☐
Arbeitsorganisation: arbeitet zielgerichtet und geht methodisch sinnvoll vor	☐	☐	☐	☐	☐

Die Beurteilung wurde besprochen am:

Vorgesetzter: _____   Mitarbeiter: _____

3 Führungsinstrumente beherrschen

3.1 Ein „Meister" im Informieren

Viele Beschäftigte klagen in ihren Betrieben über einen unzureichenden Informationsfluss. Führungskräfte sind sich sehr häufig nicht darüber im Klaren, wie wichtig es für ihre Mitarbeiter ist, über Vorgänge in ihrer Abteilung und im Betrieb, die sie (auch indirekt) betreffen, informiert zu sein. Hierbei geht es für sie in der Regel gar nicht darum, mitentscheiden zu wollen, sondern nur um das Gefühl: „Ich werde wahrgenommen und entsprechend über wichtige Dinge informiert." So ist es beispielsweise interessant, dass Zuggäste, die über den Grund einer Verspätung ihres Zuges informiert werden, weitaus toleranter auf die Verspätung reagieren, als Zuggäste, die gar nicht informiert werden.

Mitarbeiter wollen über Vorgänge im Betrieb und der Abteilung informiert werden.

Zu einer guten Führung gehört demzufolge ein gutes Informationsmanagement.

> Dies beinhaltet die Fähigkeit, durch den Umfang und der Art und Weise der Informationsweitergabe die Motivation der Mitarbeiter zu fördern und den Arbeitsablauf zu optimieren.

Hierzu kann sich der Meister folgende Fragen stellen:

Welche Informationen sind für die Mitarbeiter interessant?

Hier ist sehr bewusst die Formulierung „interessant" und nicht „wichtig" gewählt. Meister geben an ihre Mitarbeiter hauptsächlich Informationen weiter, die sie für deren Arbeit für wichtig erachten. Dabei bedenken sie nicht den Aspekt, dass viele übergeordnete Geschehnisse und Entscheidungen für die Mitarbeiter auch schlichtweg „nur" interessant sind. Dadurch, dass die Mitarbeiter auch „nur" interessante Dinge erfahren (z. B. Planung eines neuen Forschungslabors), identifizieren sie sich stärker mit dem Betrieb.

Wer muss informiert werden?

Nicht alle Informationen sind für jeden Mitarbeiter bestimmt. Der Meister muss abschätzen, welcher Personenkreis betroffen ist und über bestimmte Entscheidungen informiert wird. Gegebenenfalls können auch Vorarbeiter bzw. Gruppensprecher Informationen weitergeben.

Wie detailliert muss informiert werden?

Die Mitarbeiter wollen die Informationen in der Regel sehr genau und detailliert. Der Meister hat aber häufig nicht die Zeit, jedes Detail mitzuteilen. Dies ist auch nicht nötig, da die Mitarbeiter vermutlich nicht genug Hintergrundwissen haben, um alles nachzuvollziehen und die nebensächlichen Aspekte für sie keine Rolle spielen. Achten Sie also bei der Informationsweitergabe darauf, das Wichtigste kurz zu erklären.

Führungsinstrumente beherrschen

Welcher Informationsweg ist der Richtige?

Im Zeitalter von Handys, Internet und Intranet haben sich die innerbetrieblichen Kommunikationsmöglichkeiten enorm erweitert. Der Meister muss abschätzen, auf welchem Wege die Information am besten weitergegeben wird. Hierbei spielt eine Rolle,

- wie viele Mitarbeiter – alle oder nur ein Teil – informiert werden müssen,
- wie detailliert informiert werden muss – reicht eine kurze schriftliche Form oder muss mündlich informiert werden – und
- wie wichtig eine Information ist. Bei wichtigen Informationen reicht eine Notiz am Schwarzen Brett nicht aus, sondern es muss sichergestellt werden, dass alle Betroffenen diese Information auch erhalten.

Handelt es sich bei der Information um eine Hol- oder Bringschuld?

Eine besondere Rolle in den firmeninternen Informationsprozessen spielt die Hol- und Bringschuld der Informationen. Die Frage ist hier, welche fehlenden Informationen selbstverständlich eingeholt (Holschuld) und welche selbstverständlich weitergegeben (Bringschuld) werden sollten. Sowohl Vorgesetzte als auch Mitarbeiter neigen dazu, von anderen zu erwarten, dass sie die Informationen einholen. Damit Informationen zuverlässig fließen, sollte aber auch der Bringschuld nachgekommen werden.

Treten wiederholt Probleme auf, weil Ihre Mitarbeiter nachweislich der Bring- und Holschuld von Informationen nicht nachkommen, sollten Sie folgende Fragen klären:

Kennen die Mitarbeiter die korrekten Informationswege?

Maßnahme: Berufen Sie eine Teamsitzung ein, in der Sie den aktuellen Informationsablauf schriftlich aufzeigen. Überlegen Sie sich gemeinsam mit Ihrem Team, ob der Ablauf so bestehen bleiben kann oder ob er verbesserungswürdig ist. Falls dies der Fall ist, legen sie zusammen einen neuen Informationsablauf fest. Stellen Sie zum Abschluss sicher, dass jeder der Beteiligten weiß, wer für was zuständig ist und in welcher Situation wie vorgegangen werden soll.

Führungsinstrumente beherrschen

Kommen Mitarbeiter der Bring- und Holschuld von Informationen bewusst nicht nach?

Maßnahme: In einer solchen Situation ist zuerst die Ursache für das Desinteresse der Mitarbeiter zu ermitteln. Mögliche Ursachen könnten sein:

- Fehlendes Verantwortungsgefühl der Mitarbeiter
- Kein Zusammengehörigkeitsgefühl des Teams
- Schlechte Arbeitsmoral/schlechte Arbeitsstimmung
- Mangelndes Pflichtgefühl gegenüber dem Meister und dem Unternehmen

Um die Ursachen zu erkennen und zu beheben hilft in diesem Fall eine Teamsitzung. In dieser wird einerseits geklärt, was die Mitarbeiter von ihrer Arbeit und von dem Meister erwarten und andererseits, welche Erwartungen der Meister an seine Mitarbeiter stellt. Es soll gemeinsam herausgefunden werden, wieso die Arbeitskräfte desinteressiert sind und welche Lösungsmöglichkeiten es gibt. Anschließend wird wie bei Punkt 1 vorgegangen und eine weitere Teamsitzung geplant, um den idealen Informationsfluss festzulegen.

Vor diesem Hintergrund bitten wir Sie nun anhand des folgenden Arbeitsblattes Ihr eigenes Informationsmanagement zu analysieren.

Führungsinstrumente beherrschen

Arbeitsblatt 6: Informationsmanagement

Frage	Selbsteinschätzung mit Erklärung
Informieren Sie Ihre Mitarbeiter umfassend?	
Geben Sie Informationen auf Anfrage vollständig weiter?	
Holen Sie aktiv Informationen ein, die für die Erfüllung der Aufgaben notwendig sind?	
Kennen Sie die wichtigen Informationsflüsse in Ihrem Betrieb?	
Erkennen Sie, welche Informationen benötigt werden?	
Achten Sie darauf, dass Informationen klar und verständlich weitergegeben werden?	
Geben Sie die Informationen rechtzeitig weiter?	
Sprechen Sie Probleme im Informationsablauf an?	
Welche negativen Folgen haben sich schon durch einen schlechten Informationsfluss ergeben? • persönlich für Sie oder die Mitarbeiter • für die Arbeitsergebnisse	
Sehen Sie aktuelle Probleme beim Informationsablauf und wenn ja, an welcher Stelle?	

Fazit:

Mitarbeiter sollten möglichst genau und umfassend informiert werden in Bezug auf die Vorgänge, die sie betreffen. Ihre Möglichkeiten, sich schnell und umfassend zu informieren sind begrenzter als bei einer Führungskraft. Die weitergegebenen Informationen sollten für die Mitarbeiter verständlich sein, so klar und eindeutig wie möglich gehalten werden und ihrer Wichtigkeit entsprechend auf dem besten Wege zum Empfänger gelangen.

3.2 Die Kunst des Delegierens

Führungskräfte verschiedener Berufe und Branchen haben vielfach eines gemeinsam: Sie klagen über zu viel Arbeit und über zu wenig Zeit für das „Wesentliche"! Meistens findet sich noch eine weitere Übereinstimmung: Sie meinen, alles selbst erledigen zu müssen und beherrschen nicht die Kunst des Delegierens. Wir sprechen hier von einer Kunst, denn selbst erfahrene Topmanager tun sich schwer damit, genügend Freiraum für die wirklich wichtigen Dinge ihrer Arbeit zu schaffen. Der Grund dafür liegt oft in der Person des Vorgesetzten selbst. Hier einige typische Glaubenssätze von Führungskräften:

Nur ich kann diese Tätigkeit verrichten, weil ...

- keiner meiner Mitarbeiter über genügend Fachkenntnisse verfügt
- ich es in jedem Fall schneller mache als ein Mitarbeiter
- ich nicht genug Vertrauen in die Fähigkeiten und/oder das Verantwortungsbewusstsein meiner Mitarbeiter habe
- es zu lange dauert, diese Aufgabe einem Mitarbeiter zu erklären
- ich hinterher nur eine Menge Fehler korrigieren muss
- sich meine Mitarbeiter sowieso nur vor zusätzlichen Aufgaben drücken wollen

Möglicherweise ist an einigen dieser Aussagen auch etwas Wahres dran. Es liegt aber die Vermutung nahe, dass manche Führungskräfte überhaupt nicht delegieren wollen. Provokativ könnte man zuweilen sogar zu der Sichtweise kommen, viele Führungskräfte delegieren nur wenig, weil sie ja sonst Zeit hätten, sich um die wirklich wichtigen Dinge zu kümmern!

Wollen Führungskräfte überhaupt delegieren?

Gekonnt delegieren – aber was und wie?

Die Mitarbeiter in der Produktion sind in der Regel in feste Arbeitsabläufe an bestimmten Stationen eingebunden. Sie arbeiten üblicherweise in Teams zusammen und haben klare Aufgaben. Für den Meister ist es nicht immer einfach, Mitarbeiter zu finden, denen er zusätzliche Aufgaben übergeben kann. Er muss dafür gut einschätzen können, wie befähigt und verantwortungsbewusst seine Mitarbeiter sind. Als Hilfestellung zum Delegieren können die sechs-W-Fragen dienen.

- **Was** soll getan werden?

  Sie dürfen selbstverständlich nur Aufgaben delegieren, die ein Mitarbeiter nach entsprechender Einweisung auch tatsächlich ausführen kann. Es liegt in Ihrer Verantwortung, die Aufgaben umfassend und delegiert zu erklären. Der Mitarbeiter sollte wissen, was Sie von ihm erwarten.

- **Warum** soll etwas delegiert werden?

  Vor dem Delegieren sollten Sie sich fragen, ob es wirklich sinnvoll ist, diese Aufgaben zu delegieren. Finden Sie eine vernünftige Begründung, so werden Sie auch hinter Ihrer Entscheidung stehen.

- **Wer** soll es tun?

  Machen Sie sich klar, welcher Mitarbeiter die Aufgabe erfüllen kann. Er soll ausreichendes Wissen, genug zeitliche Kapazität und die geforderten Kompetenzen besitzen, um den von Ihnen gestellten Ansprüchen gerecht zu werden.

- **Wann** soll etwas begonnen und erledigt sein?

  Erstellen Sie sich einen realistischen Zeitplan. Zum einem hilft dieser dem Mitarbeiter die Aufgaben zuverlässig zu erledigen. Zum anderen behalten Sie einen Überblick und können zeitlich kalkulieren, wann eine Aufgabe erledigt ist.

- **Womit** soll etwas getan werden? (Arbeitsmittel)

  Machen Sie sich klar, welche Mittel benötigt werden, um die Aufgabe zu erfüllen und achten Sie darauf, dass diese dem Mitarbeiter zur Verfügung stehen.

- **Wo** soll es getan werden? (Arbeitsort)

  Wählen Sie den Ort, der die Voraussetzung bietet, um die Aufgaben Ihren Erwartungen entsprechend erfüllen zu können.

Wer delegiert, sollte

- möglichst vollständige Arbeitsaufgaben mit einem hohen Maß an Eigenverantwortung übergeben.
- an den Mitarbeiter auch Kontrolle delegieren. Wenn Sie dazu gezwungen werden, doch wieder ständig zu kontrollieren macht eine Delegierung wenig Sinn!
- bei sehr komplexen und umfassenden Arbeitspaketen die Aufgabe schriftlich formulieren.

Leider werden bei einer Delegierung viele der eben genannten Punkte aus Zeitmangel und dem zusätzlichen Aufwand nicht beachtet. Jedoch sollten Sie sich Folgendes vor Augen halten: Es kostet den Meister zwar bei der Arbeitsübergabe erst einmal mehr Zeit, entlastet ihn dafür aber später. Außerdem arbeiten die Mitarbeiter motivierter und selbstständiger.

Keine Delegierung von bestimmten Aufgaben

Es gibt allerdings einige Aufgaben, die nicht delegiert werden dürfen. Entscheidend ist hierbei, welchen Stellenwert die Aufgabe hat. Hängt viel davon ab und müssen Sie hinterher dafür gerade stehen, sollten Sie eine Aufgabe selbst ausführen. Zwei sensible Faktoren sind in diesem Zusammenhang Personal und Kosten. Hier eine kurze Zusammenstellung von Aufgaben, die typischerweise nicht delegiert werden sollten:

- Urlaubsplanung
- Krankheitsvertretung
- VIP-Kundenbetreuung
- Arbeitsmaterialbeschaffung in großen Mengen
- Verantwortung in Personalfragen
- Strategische Gestaltung
- Informationsweitergabe in wesentlichen Punkten
- Arbeitsrechtliche Maßnahmen

Finden Sie nun anhand des Arbeitsblattes 7 heraus, ob Sie ein Meister im Delegieren sind:

Führungsinstrumente beherrschen

Arbeitsblatt 7: Delegieren

Welche Aufgaben hätte ich in der Vergangenheit delegieren können?	
Warum delegiere ich unter Umständen zu wenig?	
Denke ich, dass meine Mitarbeiter genauso kompetent und fähig sind wie ich, bestimmte Aufgaben zu erledigen?	
Fühle ich mich in einigen Bereichen entbehrlich oder denke ich, dass ich überall unabkömmlich bin?	
Finde ich die Zeit meine Mitarbeiter genau und umfassend über die zu delegierende Aufgabe zu informieren?	
Halte ich meine Mitarbeiter für verantwortungsbewusst genug, so dass ich Ihnen die Kontrolle für die Aufgabe übertragen kann?	

Führungsinstrumente beherrschen

3.3 Vertrauen ist gut – aber Kontrolle muss auch sein

Konsequent und umfassend zu kontrollieren ist auf der einen Seite wichtig, da unzureichende Kontrollen sehr folgenreich sein können. Auf der anderen Seite kann die „falsche" Kontrolle dazu führen, dass die Mitarbeiter demotiviert werden und sich letztlich das Betriebsklima verschlechtert. In der folgenden Tabelle sind die positiven Aspekte und Gefahren von Kontrollen gegenüber gestellt.

Zu viel Kontrolle kann demotivieren – zu wenig Kontrolle kann sehr negative Folgen haben.

Positive Aspekte	Gefahren
Gute Arbeitsergebnisse	Hoher Zeitbedarf
Reduzierung von Fehlern und Mängeln	„Überwachung" von Mitarbeitern und daraus resultierende Demotivation
Erkennen von häufigen Fehlerquellen	Kein Verantwortungsgefühl der Mitarbeiter, da der „sowieso" nachkontrolliert
Möglichkeit der Rückmeldung und Verbesserung	Fördern eines Klimas von Misstrauen

Tabelle 5: Chancen und Gefahren von Kontrollen

„Richtig zu kontrollieren" ist für viele Meister eine der schwierigsten Führungsaufgaben. Dies hängt oftmals mit drei wesentlichen Faktoren zusammen:

1. Zeit

Die Kontrolle ist nur eine der vielen Aufgaben des Meisters. Er muss dem zu Folge so effektiv wie möglich kontrollieren. Hier sind ein gutes Zeitmanagement und ein guter Blick für die Notwendigkeit einer Kontrolle besonders hilfreich.

2. Die Einstellung des Meisters

Viele Meister haben das Gefühl, eine zu starke Überwachungsfunktion zu übernehmen, wenn sie „ständig hinter ihren Mitarbeitern her sind". Sie sehen ihre Mitarbeiter als erwachsene Menschen an, die in der Lage sein sollten, ihre Arbeitsergebnisse selbst zu überprüfen.

3. Verschieden qualifizierte und motivierte Mitarbeiter

Viele Meister kontrollieren einheitlich. Jeder Mitarbeiter ist aber anders. Das betrifft sowohl die Fähigkeiten als auch die Arbeitsmotivation einschließlich des Qualitätsbewusstseins. Bei manchen Mitarbeitern reichen vermutlich sehr sporadische Kontrollen; sie würden übermäßige Kontrollen eventuell als mangelndes Vertrauen werten und könnten demotiviert werden. Andere wiederum müssen konsequent kontrolliert werden, weil sie häufig Fehler machen. Viele Mitarbeiter legen sogar großen Wert auf Kontrollen ihres Meisters, da sie sich dann sicherer und wertgeschätzt fühlen.

Führungsinstrumente beherrschen

Keine Kompromisse darf es beim Thema Arbeitssicherheit geben. Der Meister ist für die Einhaltung der Sicherheitsvorschriften verantwortlich. Bei grob fahrlässigem Verhalten kann er rechtlich belangt werden. Er muss seine Mitarbeiter entsprechend detailliert über alle Sicherheitsvorschriften informieren und sie zu ihrer Beachtung anhalten.

Es kommt bei der Kontrolle ganz entscheidend darauf an, wie diese gestaltet ist. Hierzu das Beispiel eines Automobilherstellers:

> An der Herstellung eines Automobils sind am gesamten Band acht Teams an verschiedenen Stationen beteiligt. Die Nacharbeiten an der Endkontrolle nehmen solche Ausmaße an, dass die Betriebsleitung eine drastische Maßnahme einleitet: Die Mitarbeiter jeder Station haben zunächst die Arbeiten der vorherigen Station zu prüfen. Wird ein Fehler entdeckt, muss ein Mitarbeiter der betroffenen Station kommen, um diesen an Ort und Stelle sofort zu beseitigen.

Es ist nicht unbedingt ratsam, ein so umfassendes Kontrollsystem einzuführen, dass „jeder jeden kontrolliert" und das Zusammengehörigkeitsgefühl verloren geht. Der Meister kann vielen unangenehmen Begleiterscheinungen von Kontrollen entgegenwirken, wenn er einige Grundsätze beachtet.

- Kontrolle muss sein und ist etwas Positives. Wer die Verantwortung hat, muss letztlich für die Ergebnisse gerade stehen. Wissen die Mitarbeiter, dass ihre Arbeit nicht kontrolliert wird, werden selbst „die Guten" irgendwann nachlässiger werden. (So würden vermutlich selbst sehr gewissenhafte Autofahrer öfter die Geschwindigkeit übertreten, wenn es keine Blitzgeräte gäbe).

- Der Meister sollte darüber informieren, wie kontrolliert wird. So entgeht er der Gefahr, dass sich die Mitarbeiter durch Kontrollen bespitzelt fühlen. Er sollte auch bekannt geben, wenn ausgewählte Mitarbeiter aus einem Team befugt sind, die Kontrolle in Bezug auf bestimmte Vorgänge zu übernehmen.

- Der Meister sollte deutlich machen, dass er einen hohen Grad der Selbstkontrolle von seinen Mitarbeitern erwartet. Denn die Mitarbeiter dazu anzuleiten, sich selbst zu kontrollieren, ist ein effektives Instrument. Der Meister gewinnt in doppelter Hinsicht: Er braucht einerseits weniger Zeit für die Kontrollen, andererseits gewinnen die Mitarbeiter an Selbstvertrauen und Motivation. Voraussetzung dafür ist aber, dass der Meister seinen Mitarbeitern entsprechend vertrauen kann. Deshalb sollte er sicherstellen, dass

    - er mitbekommt, wenn Mitarbeiter sein Vertrauen missbrauchen und
    - die Mitarbeiter wissen, dass es schwerwiegende und nicht verhandelbare Folgen hat, wenn das Vertrauen missbraucht wird.

Führungsinstrumente beherrschen

Der erste wichtige Schritt für den Meister auf dem Weg zu einem zufriedenstellenden Kontrollsystem besteht darin, eine positive Einstellung zum Thema Kontrolle zu bekommen und deren Notwendigkeit zu verinnerlichen. Führen Sie deshalb ein Brainstorming durch und notieren Sie, welche negativen Auswirkungen es in ihrem Bereich im letzten halben Jahr gab, weil Sie oder ein beauftragter Mitarbeiter nicht konsequent genug kontrolliert haben:

Vorfall:

Konsequenzen aufgrund fehlender Kontrolle:

Fazit:

Denken Sie als Meister immer daran, dass letztlich Sie dafür verantwortlich sind, wenn in Ihrem Bereich schwerwiegende Fehler auftreten. Eine dauerhafte Schuldzuweisung an „unfähige Mitarbeiter" ist ein Zeichen von Führungsschwäche. Etablieren Sie ein effektives Kontrollsystem, in dem Sie auch Kontrollfunktionen delegieren und vor allem an die Selbstkontrolle jedes Einzelnen appellieren. Bedenken Sie auch, dass der Grad der Kontrolle davon abhängt, wie groß die Aufgabe ist. Hängen die ausgeführten Tätigkeiten mit hohen finanziellen Risiken (z.B. Materialkosten) zusammen, ist es selbstverständlich, dass Sie persönliche Kontrollen vornehmen. Andererseits kann bei „Kleinigkeiten" ein wohlwollendes „darüber hinweg sehen" und weiteres Beobachten zu einer positiven Resonanz bei ihren Mitarbeitern führen.

4 Klassische Führungsaufgaben in der Produktion

Für Führungskräfte in der Produktion gibt es manche Aufgaben, die eine besondere Bedeutung haben. Hierzu gehören vor allem solche, deren Vernachlässigung zu Störungen im Produktionsablauf oder zu Qualitätsmängeln führen. Diesen Themen widmet sich das folgende Kapitel.

4.1 Neue Mitarbeiter einarbeiten

In der Produktion führen Fertigungsspitzen und Fluktuation dazu, dass neue feste Mitarbeiter oder Leiharbeitnehmer eingeführt werden müssen. Eine umfassende Einarbeitung wird aber häufig vernachlässigt, weil „dazu keine Zeit ist". Der Produktionsleiter vertraut auf seinen Meister, dieser wiederum auf die Vorarbeiter und diese beauftragen eventuell andere Mitarbeiter mit der Einarbeitung.

Fallbeispiel

> In der Werft einer großen Fluglinie werden die Triebwerkteile regelmäßig auf mögliche Schäden und Risse überprüft. Meister Krüger bekommt zwei neue Mitarbeiter, die in diese Aufgabe eingeführt werden sollen. Die Einarbeitung eines Mitarbeiters übernimmt er selbst, die andere Vorarbeiter Schmitz. Während Schmitz seine Aufgabe sehr ernst nimmt und viel Zeit auf die Einarbeitung verwendet, erklärt Meister Krüger die Aufgaben recht oberflächlich und endet fast immer mit dem Satz: „Das werden Ihnen die Kollegen dann ja zeigen." Die neuen Mitarbeiter müssen schnell in Ihrem Bereich tätig werden, da die Zeit drängt. Nach einer Woche gibt die Abteilung Endkontrolle ihren Fehlerbericht an Meister Krüger. Hieraus geht hervor, dass der von ihm eingearbeitete Mitarbeiter wesentlich mehr Details übersehen hat als sein von Vorarbeiter Schmitz eingearbeiteter Kollege. Der Zeitaufwand für die Nachbearbeitung wird auf zwei volle Tage kalkuliert!

Was wird wohl die Reaktion von Meister Krüger sein? Entweder er sucht die Schuld bei dem neuen Mitarbeiter und seinen direkten Kollegen, die doch ein Auge auf ihn haben sollten oder er denkt über seine eigenen Versäumnisse nach. Hierbei sollte er sich in jedem Fall eines klar machen:

Die Fehler zu beheben, die ein neuer Mitarbeiter aufgrund mangelnder Einarbeitung gemacht hat, kosten viel mehr Zeit, als eine vernünftige Einarbeitung! Und manche Fehler verursachen zudem sogar einen hohen Schaden.

Klassische Führungsaufgaben in der Produktion

Zeitmangel und fehlendes Bewusstsein dafür, welche Vorteile eine gute Einarbeitungsphase bietet, führen zu typischen Fehlern wie:

- Die Einarbeitungszeit wird nicht sichtbar strukturiert und geplant
- Über Abläufe im Betrieb wird nur unzureichend informiert; dazu gehören auch „informelle Regeln" wie Kantinenzeiten, Zigarettenpausen, Arbeitszeitregelungen etc.
- Die Sicherheitsvorschriften werden nicht oder unvollständig bekannt gegeben
- Neue Mitarbeiter haben keine Orientierung und wissen nicht, „wo erfahre ich was?"
- Der Mitarbeiter wird Schlüsselpersonen wie Pförtnern, Hausmeistern, Kantinenpersonal nicht vorgestellt
- Die Mitarbeiter werden fachlich über- oder unterfordert
- Die neuen Mitarbeiter werden nicht in das Team integriert

Insbesondere die **Probezeit** zu nutzen und effektiv zu gestalten ist sowohl für den Arbeitgeber als auch den neuen Mitarbeiter sinnvoll. Der Arbeitgeber weiß, ob er einen zuverlässigen Mitarbeiter hinzugewonnen hat, der zu dem Unternehmen passt und die geeigneten Fähigkeiten besitzt. Der Mitarbeiter merkt, ob die Stelle seinen Erwartungen entspricht, ob er ihr gewachsen ist und sich in seinem neuen Arbeitsumfeld wohl fühlt.

Die Probezeit sollte gut genutzt werden, um herauszufinden, ob der neue Kollege „passt".

Ein neuer Mitarbeiter ist bei Antritt seiner Stelle grundsätzlich positiv eingestellt. Vieles erscheint ihm spannend und herausfordernd, so zum Beispiel die Größe und Produktpalette des Betriebes, seine moderne Technik und vor allem natürlich seine neuen Kollegen. Diese wohlwollende Stimmung kann durch die oben beschriebenen Einarbeitungsfehler schnell zunichte gemacht werden.

Klassische Führungsaufgaben in der Produktion

Der Umgang mit Leiharbeitnehmern

In der Produktion werden häufig Leiharbeitnehmer zum Abbau von Produktionsspitzen oder der Vertretung in Krankheitsfällen beschäftigt. Hier hält sowohl bei den Vorgesetzten als auch bei den Mitarbeitern manchmal eine gefährliche Haltung Einzug, nach dem Motto „der ist ja sowieso nur kurz da, was soll ich dem denn groß beibringen". Nun reflektieren Sie bitte, wie oft…

- …haben Leiharbeitnehmer schon Fehler produziert, deren Behebung wieder viel Zeit kostet?
- …beschädigen Leiharbeitnehmer Material oder Werkzeug, weil sie sich nicht mit dem Betrieb und ihrer Arbeit identifizieren?
- …sind schon Unfälle passiert, weil Leiharbeitnehmer die Sicherheitsvorschriften nicht eingehalten haben?
- …hat es schon Spannungen im Team gegeben, weil sich ein Leiharbeitnehmer ausgegrenzt fühlt und sich deshalb unkollegial verhält?

Diese Hinweise verdeutlichen, wie wichtig es ist, auch Leiharbeitnehmer in einem vernünftigen Maße einzuarbeiten und in das Team zu integrieren. Bedenken Sie außerdem Folgendes:

- Ein guter Leiharbeitnehmer kann zu einer festen Kraft werden,
- viele Leiharbeitnehmer bleiben wesentlich länger, als ursprünglich vorgesehen und
- auch Leiharbeitnehmer wollen sich an ihrer Arbeitsstelle wohl fühlen und respektvoll behandelt werden,
- der Meister sollte Vorbild sein und Leiharbeiter genauso wie seine Mitarbeiter behandeln.

Klassische Führungsaufgaben in der Produktion

Arbeitsblatt 8

Erstellen Sie bitte einen sorgfältigen Einarbeitungsplan. Das kostet Sie jetzt etwas Zeit, es hilft Ihnen aber sehr bei der Einarbeitung aller neuen Mitarbeiter. Hier geht es nur um die detaillierte Einweisung an Ihrem Arbeitsplatz. Für die allgemeine Einweisung in den Betrieb dient das anschließende Arbeitsblatt 9.

Arbeitsrelevante Informationen	Allgemeine Informationen	Praktische Einarbeitung	Anleitung durch
Arbeits- und Pausenzeiten	Öffnungszeiten Kantine	Materialanlieferung an Werkhalle 3	Vorarbeiter Wagner
Rauchpausen	Aushänge am Schwarzen Brett	Arbeitsplatz einrichten	Vorarbeiter Klein
Werkzeug bereitstellen	Betriebssport		
.....	.....	.....	.....
.....	.....	.....	.....
.....	.....	.....	.....
.....	.....	.....	.....

Arbeitsblatt 8: Checkliste neue Mitarbeiter einführen

Klassische Führungsaufgaben in der Produktion

Arbeitsblatt 9

EINWEISUNG AM ARBEITSPLATZ

Vorherige Einweisung ☐

Erste Einweisung ☐

Wiederholung ☐

(entsprechendes Kästchen ankreuzen)

Tätigkeit: ....

Name: ....

Vorname(n): ....

Unterschrift: .... Dauer der Einweisung: ....

Nach diesem Beispiel kann eine allgemeine Einweisung durchgeführt werden.

Unternehmen, Zugang und Gehwege

    Vorstellung im Hause ☐   QM-Einweisung ☐

    Werksgelände/Parkplatz ☐   Kantine ☐

    Arbeitsplatz ☐   Sanitäranlagen ☐

Information über die Hausordnung ☐

Sicherheitsbelange

Arbeitssicherheitsrichtlinien
    Unfall- und Gesundheitsgefahren ☐
    Verhalten bei Arbeitsunfall ☐
    (den Vorgesetzten informieren)

Einweisung wurde von H. Meier.. ausgeführt.

Datum: ___ / ___ / 2005

Unterschrift ....

Bitte eine Kopie an das Personalbüro und Abteilung Sicherheit

Klassische Führungsaufgaben in der Produktion

4.2 Vollständige Arbeitsanweisungen und Unterweisungen geben

Im betrieblichen Alltag muss der Meister laufend Arbeitsanweisungen geben, Arbeitsaufträge erteilen oder Unterweisungen vornehmen. Von der Art und Weise, wie er dies macht, hängt sehr entscheidend ab, ob die Mitarbeiter die Tätigkeiten dann mit einer hohen Arbeitsqualität ausführen.

> In einer Produktion für Klemmlampen teilt die Betriebsleitung dem Meister mit, dass es immer häufiger zu Fehlproduktionen kommt, die innerhalb der laufenden Woche zurückgehen sollen. Meister Arnulf weist daraufhin seinen Mitarbeiter Bertram an, die Lampen „mal ein bisschen genauer zu kontrollieren". Mitarbeiter Bertram, der an sich für die Verpackung zuständig ist, nimmt sich ca. alle fünfzehn Minuten eine Lampe vor, die er auf die Form, Farbe und äußere Schäden überprüft. Nach drei Tagen hat sich an den Fehlproduktionszahlen kaum etwas geändert. Wie sich herausstellt, wurde bei einem Großteil der Lampen die Halterung zu locker montiert. Meister Arnulf ist über die „Unaufmerksamkeit" von Mitarbeiter Bertram verärgert und Mitarbeiter Bertram fühlt sich ungerecht behandelt.

Fallbeispiel

Dieses Beispiel zeigt typische Defizite in der Arbeitsanweisung auf:

- Der Mitarbeiter hat nicht genau verstanden, was der Meister wollte
- Der Meister hat den Mitarbeiter falsch eingeschätzt und überfordert
- Der Meister hat kein klares Ziel des Auftrages formuliert
- Der Meister hat keine Qualitätsanforderung formuliert
- Der Meister hat nicht gesagt, bis wann die Arbeit erledigt sein soll
- Der Meister hat sich nicht das Ende der Arbeit melden lassen
- Der Meister hat sich nicht nach Zwischenergebnissen oder Unklarheiten erkundigt

Eine intensive Unterweisung erspart Zeit und Ärger

Solche unvollständigen Arbeitsanweisungen mit schlechten Arbeitsergebnissen, die letztlich der Meister vor der Betriebsleitung vertreten muss, führen zu einer negativen Stimmung und lassen sich vermeiden. Eine klare Arbeitsanweisung sollte daher folgende Punkte beachten:

Klassische Führungsaufgaben in der Produktion

1. Konkrete Aufgabe nennen und in einen umfassenden Aufgabenbereich einbinden

Eine Anweisung/ein Arbeitsauftrag sollte immer so konkret wie möglich definiert werden. Beim Mitarbeiter darf kein Zweifel darüber bestehen, was er genau machen soll. Es ist immer sinnvoll, einen konkreten Arbeitsauftrag in einen größeren komplexen Zusammenhang zu stellen, damit der Mitarbeiter weiß, wie und wo er diese Aufgabe einzuordnen hat. Insbesondere bei eher monotonen Routinearbeiten können Sie auf diesem Wege eventuell auch die Motivation des Mitarbeiters steigern.

2. Arbeitsziele definieren

Arbeitsziele festzulegen ist ein wesentlicher Bestandteil, wenn Sie Arbeitsaufträge formulieren. Das Arbeitsziel sagt aus, was für ein Ergebnis der Meister vom Mitarbeiter erwartet, wenn die Aufgabe erledigt ist. Eine Zielformulierung beinhaltet vier Kriterien:

Ein Ziel ist ...

- konkret (was genau wird erwartet?)
- zeitlich bestimmt (zu erledigen bis ...)
- messbar (woran messen wir das Ergebnis?)
- realistisch (kann der Mitarbeiter das mit den vorhandenen Mitteln schaffen?)

3) Mögliche Vorkenntnisse des Mitarbeiters abfragen

Eine der notwendigsten Vorabmaßnahmen bei der Vergabe vonArbeitsaufträgen wird häufig vernachlässigt – nämlich festzustellen, was der Mitarbeiter kann. Hierdurch kann der Meister auch einschätzen, ob und inwieweit er den Mitarbeiter mit einer Aufgabe überfordert.

4. Motivation des Mitarbeiters zur Bearbeitung der Aufgabe wecken

Mit welcher Motivation die Aufgabe erledigt wird, entscheidet oft darüber, wie gut die Arbeitsergebnisse sind. Um diese Motivation zu wecken, muss wenigstens der Sinn und Zweck eines Arbeitsauftrages klar sein – auch wenn dieser Arbeitsauftrag selbst eher langweilig und monoton ist. Darüber hinaus sollten Sie dem Mitarbeiter auch mitteilen, warum Sie gerade ihn für diese Aufgabe auswählen.

Klassische Führungsaufgaben in der Produktion

5. Vorgehensweise zur Bearbeitung der Aufgabe besprechen und dabei den Mitarbeiter zu eigenen Vorschlägen ermutigen

Sie sollten mit dem Mitarbeiter möglichst genau besprechen, wie die Aufgabe bearbeitet werden soll. Fördern Sie aber dabei nach Möglichkeit seinen Ideenreichtum, indem Sie ihn ermutigen, eigene Vorschläge zur Bearbeitung zu machen. Er kann so die Aufgabe besser verstehen, ist motivierter, kann selber eher kontrollieren und liefert letztendlich bessere Arbeitsergebnisse.

6. Vorgehensweise bei auftretenden Schwierigkeiten besprechen – Bereitschaft zur Unterstützung verdeutlichen, aber auch eigene Lösungen finden lassen

Signalisieren Sie dem Mitarbeiter eindeutig Ihre Bereitschaft, ihm bei auftretenden Problemen mit Rat und Tat zur Seite zu stehen. Besprechen Sie aber auch die Möglichkeit, bei auftretenden Problemen selbstständig Lösungen zu finden. Oftmals ist es gar nicht notwendig, dass der Mitarbeiter wegen jeder „Kleinigkeit" zum Meister kommt, da er eine eigene Lösung finden kann, wenn er sich mit dem Problem auseinander setzt.

7. Kontrollen besprechen und die Initiative zur Selbstkontrolle fördern

Wie die Formulierung von Arbeitszielen zu Beginn des Arbeitsauftrages sind Kontrollen zum Ende – oder gegebenenfalls auch zwischenzeitlich – ein wichtiger Bestandteil einer Aufgabe. Besprechen Sie mit dem Mitarbeiter, wann und wie sie kontrollieren, damit er sich nicht ständig überwacht fühlt. Überlegen Sie auch gemeinsam, welche Möglichkeiten zur Selbstkontrolle die Aufgabe beinhaltet. Durch Selbstkontrolle kann der Mitarbeiter Fehler selbstständig erkennen und korrigieren.

Die Unterweisung

Vielen Menschen fällt es schwer, einem anderen Menschen etwas so beizubringen, dass er es versteht. Dies hängt damit zusammen, dass wir uns schwer vorstellen können, was für den anderen – in diesem Fall den Mitarbeiter – alles nicht klar ist.

$20:6 = 3^{1/3}$

Sauerstoffflasche mit drei „f"

Eine Schieblehre ist etwas anders als ein Messschieber.

Ist doch klar!

$20:6 = 3,5$

Sauerstoffflasche mit zwei oder drei „f"

Ist eine Schieblehre das Gleiche wie ein Messschieber?

Besser nicht nachfragen!

Versetzen Sie sich in den Kopf des anderen!

Schaubild 12:

Klassische Führungsaufgaben in der Produktion

Unser Beispiel zeigt eine typische Unterweisungsform im Arbeitsalltag:

Meister: „Also du sollst ein paar Stühle für unseren Messestand zusammenbauen. Dafür nimmst du diese Bretter hier, da sind die Sitzflächen, und hier hast du alle nötigen Schrauben. Nun schraubst du immer so zwei zusammen. Sonst noch irgendwelche Fragen?"

Mitarbeiter: „Äh, nein."

Meister: „Gut, das du alles so schnell verstanden hast. Ich komme nachher und hole die Stühle ab."

Wer so unterweist, darf sich hinterher über ein unbefriedigendes Arbeitsergebnis nicht beschweren. Eine fachgerechte Unterweisung sollte folgende Merkmale erfüllen:

- Konkrete Formulierung der Aufgabe
- Sinn und Zweck der Tätigkeit erklären
- Erklärung aller Arbeitsmaterialien, wenn es um eine ganz neue Tätigkeit geht
- Beschreibung und Verdeutlichung der Qualitätsanforderung
- Verhalten bei auftretenden Problemen erklären
- Vorführen der Tätigkeit in kleinen Schritten, also nicht einen komplexen Arbeitsgang in einem Mal vorführen
- Nachmachen und erklären lassen
- Kontrolle für die ersten fertigen Stücke vereinbaren

Klassische Führungsaufgaben in der Produktion

Für die Bereiche Handwerk und Technik hat sich das Unterweisungsschema der Vier-Stufen-Methode als besonders geeignet erwiesen. Das zentrale Ziel besteht darin, komplexe handwerkliche Fertigkeiten so zu vermitteln, dass sich der Lernerfolg nachhaltig festigt.

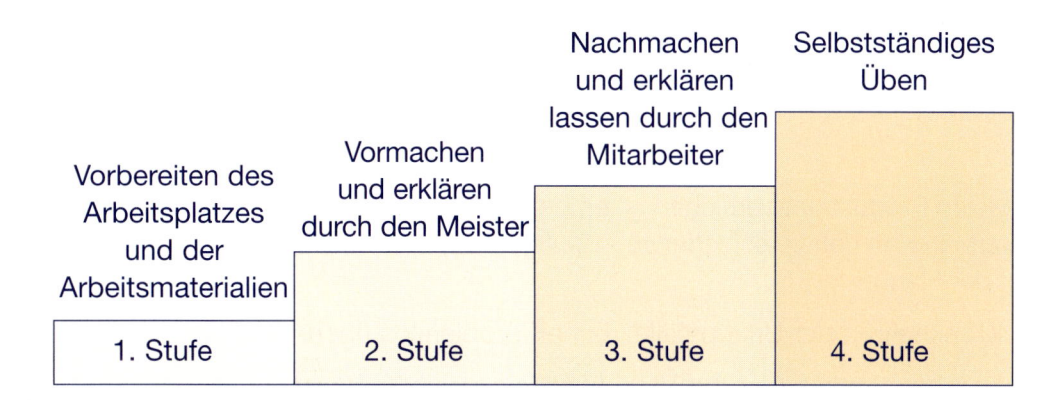

1. Stufe	2. Stufe	3. Stufe	4. Stufe
Vorbereiten des Arbeitsplatzes und der Arbeitsmaterialien	Vormachen und erklären durch den Meister	Nachmachen und erklären lassen durch den Mitarbeiter	Selbstständiges Üben

Schaubild 13: Vier-Stufen-Methode

Zu beachten ist:

- der Meister sollte nur 4 bis 6 Arbeitsschritte auf einmal vormachen, mehr kann das Gehirn schwer verarbeiten
- der Meister darf den Arbeitsgang nicht spiegelverkehrt vormachen

Die Vier-Stufen-Methode sichert in der Praxis einen hohen Lernerfolg, weil sie mehrere Sinne anspricht und dadurch die Behaltensquote steigert.

> **Ein Mensch behält ungefähr 20% von dem, was er hört; aber 70-90% von dem, was er selber tut und sagt!**

Die Vier-Stufen-Methode ist also im wahrsten Sinne des Wortes „Sinn"-voll, da der Mitarbeiter

- hört und sieht, wie ein Arbeitsgang vollzogen wird,
- den Arbeitsgang eigenständig durchführt und selbst erklärt, warum er etwas macht,
- zur Selbstkontrolle den kompletten Arbeitsgang selbstständig, aber unter Aufsicht des Meisters, durchführt.

Diese Vorgehensweise ist zugegebenermaßen für den Meister relativ zeitintensiv. Sie sichert aber, dass die Tätigkeit ordnungsgemäß durchgeführt wird und dies in einer hohen Qualität. Darüber hinaus spart der Meister wiederum Zeit, weil er nicht ständig kontrollieren muss – und vor allem – weil er nicht anschließend die Fehler wieder beheben muss.

Also lieber einmal richtig unterweisen und Zeit investieren, als schnell und unvollständig, was zu Fehlern führen kann, deren Behebung viel mehr Zeit kostet.

Mit der 4-Stufen-Methode werden verschiedene Sinne angesprochen

4.3 Interne Schulungen durchführen

In unserer sich ständig wandelnden Arbeitswelt wachsen auch die Ansprüche an die Mitarbeiter in der Produktion. Haben sie früher oft jahrelang an festen Arbeitsplätzen an einer Maschine gearbeitet, so werden heutzutage Flexibilität und Mehrfachqualifikationen gefordert. Der Meister hat im ersten Schritt die Aufgabe, den Weiterbildungsbedarf seiner Mitarbeiter zu ermitteln. Er sollte dann gemeinsam mit Ihnen entscheiden, durch welche Art der Fortbildung sie sich welche Zusatzqualifikationen aneignen.

In vielen Produktionsbereichen ist es beispielsweise sinnvoll, eine Rotation der Mitarbeiter an den verschiedenen Arbeitsplätzen einzuführen. Die Vorteile liegen auf der Hand:

- Krankheits- oder Urlaubsfälle können problemlos überbrückt werden
- Das Verständnis und die Verantwortung der Mitarbeiter für den gesamten Arbeitsbereich werden gesteigert
- Es zeigen sich möglicherweise besondere Eignungen einzelner Mitarbeiter
- Die Arbeit ist für die Mitarbeiter weniger monoton
- Die Mitarbeiter sind durch wechselnde Arbeitsplätze motivierter
- Durch die Zusammenarbeit mit verschiedenen Kollegen wird der gesamte Teamgeist gestärkt

Eine Rotation ist natürlich nicht immer sinnvoll und kann auch Nachteile haben. Für unser Beispiel gehen wir aber davon aus, dass die Vorteile überwiegen. Die folgende Matrix (Schaubild 14) dient dazu, dass sich der Meister laufend einen Überblick darüber verschafft, „wo seine Mitarbeiter stehen".

Klassische Führungsaufgaben in der Produktion

Matrix Mitarbeiterkenntnisse

Beschreibung der Kreise
- kennt Arbeitsinhalte
- kann Arbeit ausführen
- kann Arbeit in der geforderten Zeit ausführen
- kann andere anlernen

Arbeitsplätze Mitarbeiter:	Elektro	Hebebühne	Lackieren
Maus	kann Arbeit ausführen	kann Arbeit in der geforderten Zeit ausführen	kann andere anlernen
Reiner	kennt Arbeitsinhalte	kann Arbeit in der geforderten Zeit ausführen	kann Arbeit ausführen
Wittig	kann Arbeit in der geforderten Zeit ausführen	kann Arbeit ausführen	kann Arbeit in der geforderten Zeit ausführen
Schneider	kann Arbeit ausführen	kann Arbeit ausführen	kann Arbeit ausführen
Prizzi	kann andere anlernen	kann Arbeit ausführen	kann Arbeit in der geforderten Zeit ausführen

Schaubild 14

Diese Matrix bezieht sich auf sehr allgemeine Arbeitsbereiche. Die Mitarbeiterkenntnisse lassen sich aber natürlich für verschiedene Tätigkeiten in den einzelnen Arbeitsbereichen (z. B. verschiedene Arbeiten im Bereich Elektro) detailliert darstellen. Der Meister kann sich so einen guten Überblick darüber verschaffen, „wo seine Mitarbeiter stehen".

Klassische Führungsaufgaben in der Produktion

Nach dieser allgemeineren Übersicht erstellen Sie daraufhin nun einen detaillierten Schulungsplan für Ihre Mitarbeiter.

Arbeitsblatt 10: Weiterbildungsbedarf

Mitarbeiter	**Schulungsthema**	**Bisheriger Kenntnisstand auf diesem Gebiet**
Schmidt	Buchungsprogramm	Sehr gering, kann im Lager diese Tätigkeit nur unter Anleitung durchführen
Klotz	Fachgerechtes Anleiten neuer Kollegen im Kleinmöbelzusammenbau	Weist sehr oberflächlich ein. Dadurch hohe Fehlerquote bei den Neuen
Süngü	Deutschkenntnisse	Hat oftmals Verständnisprobleme
...	...	...
...	...	...
...	...	...

Klassische Führungsaufgaben in der Produktion

In diesem Schulungsplan werden Sie in erster Linie fachliche und methodische (z.B. richtige Unterweisung, Arbeitsorganisation) Themen aufgeführt haben. Eine weitere wichtige Qualifikation ist der Bereich der „sozialen Kompetenzen", mit dem wir uns in den Kapiteln 5/6 befassen.

Wenn sie nun den Weiterbildungsbedarf für Ihre Mitarbeiter ermittelt haben, schließt sich die Frage an, wie diese Zusatzqualifikationen erworben werden sollen. Hierbei sind folgende Fragen zu überprüfen:

- Welche Schulungsthemen können intern durch den Meister oder qualifizierte Mitarbeiter vermittelt werden?
- Welche Schulungen werden im Betrieb angeboten?
- Welche Schulungen werden extern durch die IHK oder andere Anbieter angeboten?

Einige betriebsspezifische Schulungsbereiche können der Meister oder andere qualifizierte Mitarbeiter am besten abdecken. Es kann sogar manchmal kontraproduktiv sein, Mitarbeiter zu externen Schulungen zu schicken, in denen „allgemeiner Stoff" vermittelt wird, der für die besonderen Produktionsabläufe wenig brauchbar ist. Prüfen Sie also zunächst genau, was intern angeboten werden kann. Führen Sie selbst interne Schulungen durch, orientieren Sie sich für die Vorbereitung und den Ablauf an nachfolgender Checkliste.

Interne oder externe Schulung, was ist sinnvoll?

Vorbereitung	✓ Geeigneten Termin festlegen ✓ Räumlichkeiten reservieren ✓ Teilnehmer einladen ✓ Verpflegung organisieren ✓ Materialien zusammenstellen ✓ Schulungsunterlagen erstellen ✓ Zeitplan für die Schulung erstellen
Logistik	✓ Technik im Raum prüfen ✓ Für angenehme Belüftung sorgen ✓ Werkstücke und Materialien auf Funktionsfähigkeit überprüfen
Teilnehmer	✓ Vorkenntnisse abfragen ✓ Jeden „da abholen wo er steht" ✓ Zum mitmachen motivieren
Schulungseinstieg	✓ Tagesablauf darstellen ✓ Sinn der Schulung erläutern ✓ Schulungsziel definieren

Tabelle 6: Interne Schulungen durchführen

4.4 Kooperation mit dem Betriebsrat

In Betrieben mit mindestens fünf Arbeitnehmern kann ein Betriebsrat gewählt werden. Es besteht also hierzu keine Verpflichtung, sondern es obliegt alleine der Initiative der Arbeitnehmer oder einer im Betrieb vertretenen Gewerkschaft, ob ein Betriebsrat gewählt wird. Die Anzahl der Betriebsratsmitglieder richtet sich nach der Mitarbeiterzahl des Betriebes, so sind es beispielsweise bei 201 bis 400 Wahlberechtigten neun Mitglieder. Die Amtsperiode des Betriebsrates beträgt vier Jahre. Der Betriebsrat wird ab der Größe von drei Mitgliedern durch einen Vorsitzenden oder dessen Stellvertreter vertreten. Im Folgenden ein kurzer Überblick über einige Grundlagen zur Betriebsratstätigkeit.

Vorgaben:

Der **Betriebsrat** vertritt die Interessen der Arbeitnehmer des Betriebes bei der Entscheidungsfindung und der Umsetzung verschiedener Maßnahmen des Arbeitgebers. Er ist nicht zuständig für leitende Angestellte.

Die Mitglieder des Betriebsrats müssen durch die Freistellung von ihrer Arbeit die Möglichkeit haben, die Aufgaben im Betriebsrat während der regulären Arbeitszeit zu erfüllen. Unter Umständen müssen sie vollständig von der Arbeit freigestellt werden. Die Betriebsratsmitglieder dürfen wegen ihrer ehrenamtlichen Tätigkeit nicht benachteiligt werden. Während der Amtszeit und bis zum Ablauf eines Jahres danach können sie nicht ordentlich gekündigt werden.

Die Kosten für die Tätigkeit des Betriebsrates hat der Arbeitgeber zu tragen. Unter anderem muss er Schulungen zahlen, sofern diese erforderlich sind. Der Arbeitgeber muss ferner die Räume und sachlichen Mittel (einschließlich Informations- und Kommunikationstechnik) sowie Büropersonal zur Verfügung zu stellen.

Der Betriebsrat ist ein Kollektivorgan, das seine Entscheidungen durch Mehrheitsbeschlüsse fällt. Der Vorsitzende oder sein Stellvertreter vertritt die Beschlüsse des Betriebsrates, er hat keine alleinige Entscheidungsbefugnis. Betriebsrat und Arbeitgeber sollen vertrauensvoll zusammenarbeiten. Arbeitskampfmaßnahmen zwischen den beiden Betriebspartnern und jegliche parteipolitische Betätigung im Betrieb sind unzulässig.

Klassische Führungsaufgaben in der Produktion

Die Rechte und Ansprüche des Betriebsrates reichen von reinen Informationsansprüchen über Beratung bis hin zu echter Mitbestimmung.

— Zum Beispiel

- überwacht der Betriebsrat, ob geltende Tarifverträge eingehalten werden (§ 80 BetrVG),
- muss er über die Personalplanung informiert werden und kann mit beraten (§ 92 BetrVG),
- hat er die Aufgabe, bestimmte Arbeitnehmergruppen (z. B. Schwerbehinderte, ältere Arbeitnehmer) zu fördern,
- hat er den Anspruch auf alle Informationen und Unterlagen, die er für die Durchführung seiner Tätigkeit benötigt (§ 80 BetrVG),
- kann er unabhängig von der Unterrichtungspflicht des Arbeitgebers sich selbst Informationen beschaffen. Er kann dazu Betriebsbegehungen durchführen oder Arbeitnehmer an ihren Arbeitsplätzen aufsuchen.

Mitbestimmungsrechte hat der Betriebsrat grundsätzlich bei personellen, sozialen und wirtschaftlichen Angelegenheiten.

— Zum Beispiel

- muss er bei personellen Angelegenheiten wie Einstellung, Versetzung, Beförderung oder Eingruppierung von Mitarbeitern (§ 99 BetrVG) informiert werden; er kann seine Zustimmung binnen einer Woche verweigern, dies allerdings aus eng begrenzten Gründen,
- muss er vor jeder Kündigung ordnungsgemäß angehört werden (§ 102 BetrVG), da sonst die Kündigung unwirksam ist. Er kann einer ordentlichen Kündigung widersprechen, wenn bestimmte Gründe gegeben sind,
- hat er in Unternehmen mit mehr als 100 Beschäftigten die Möglichkeit, einen Wirtschaftsausschuss einzurichten (§ 106 BetrVG). Diesen hat der Arbeitgeber unter Vorlage der erforderlichen Unterlagen über wirtschaftliche Angelegenheiten des Unternehmens (finanzielle Lage, Produktions- und Absatzlage, Rationalisierungsvorhaben etc.) zu unterrichten und diese mit ihm zu beraten,
- muss er bei Betriebsänderungen (Schließung, Verlegung, gravierende Organisationsänderung) beteiligt werden.

Besonders wichtig sind die Mitbestimmungsrechte in sozialen Angelegenheiten (§ 87 BetrVG). Entscheidungen in diesem Bereich darf der Arbeitgeber nur mit Zustimmung des Betriebsrats treffen. Der Betriebsrat hat außerdem ein **Initiativrecht** und kann solche Regelungen erzwingen. Zu diesen gehören zum Beispiel:

- Die vorübergehende Verkürzung oder Verlängerung der betrieblichen Arbeitszeit,
- die Aufstellung allgemeiner Urlaubsgrundsätze und des Urlaubsplans sowie die Festsetzung der zeitlichen Lage des Urlaubs, wenn zwischen dem Arbeitgeber und den beteiligten Arbeitnehmern kein Einverständnis erzielt wird oder
- die Einführung und Anwendung von technischen Einrichtungen, die dazu bestimmt sind, das Verhalten oder die Leistung der Arbeitnehmer zu überwachen.

Um die Vorgaben umzusetzen, müssen Betriebsrat und Arbeitgeber zu Besprechungen zusammenkommen oder Betriebsvereinbarungen treffen. Betriebsvereinbarungen sind allgemeine Regelungen zwischen Arbeitgeber und Betriebsrat. Sie sind schriftlich abzufassen, müssen von beiden Seiten unterschrieben und im Betrieb ausgelegt werden. Betriebsvereinbarungen können Angelegenheiten regeln, bei denen der Betriebsrat zwingend mitentscheiden muss, wie beispielsweise flexible Arbeitszeitregelungen. Es sind aber auch freiwillige Betriebsvereinbarungen in anderen Bereichen möglich, so zum Beispiel bei Sonderzuwendungen. Eine Betriebsvereinbarung gilt unmittelbar und zwingend. Sie endet bei einer festgelegten Befristung mit Zeitablauf oder mit der Zweckerreichung.

Kommt eine Einigung zwischen Betriebsrat und Arbeitgeber im Streitfall nicht zustande, so entscheidet eine einzurichtende Einigungsstelle oder das Arbeitsgericht in einem beschleunigten Verfahren.

Dies ist nur eine Zusammenfassung der wichtigsten Grundlagen zur Tätigkeit des Betriebsrates, die nicht abschließend ist. Wer an weiterführenden Informationen interessiert ist, kann direkt im Betriebsverfassungsgesetz nachschlagen.

Klassische Führungsaufgaben in der Produktion

Das gemeinsame Ziel von Arbeitgeber und Betriebsrat sollte eine kooperative und konstruktive Zusammenarbeit sein. Die Führungskräfte in der Produktion und die Vertreter des Betriebsrates machen sich aber manchmal das Leben gegenseitig unnötig schwer. Einige Beispiele verdeutlichen, wie es zu Konflikten kommen kann.

Betriebsrat und Führungskräfte sollten konstruktiv und kooperativ zusammenarbeiten.

Führungskräfte ...	Vertreter des Betriebsrates ...
• treffen Entscheidungen, die mit dem Betriebsrat abgestimmt werden müssen (z.B. Samstagsarbeit)	• achten vielleicht zu kleinlich auf mögliche Verstöße gegen die Betriebsvereinbarungen
• geben Informationen nicht weiter (z.B. Versetzung eines Mitarbeiters an einen anderen Arbeitsplatz)	• nehmen in ihren Arbeitsbereichen zu sehr eine Überwachungsfunktion ein
• äußern sich gegenüber Mitarbeitern abschätzig über den Betriebsrat	• geben Informationen nicht ausreichend weiter
• suchen bei aufkommenden Unstimmigkeiten die Konfrontation statt die Kooperation	• sehen sich zu sehr als Vertreter der Arbeitnehmerinteressen und verlieren die Objektivität bei Konflikten (manchmal hat ja auch tatsächlich die Führungskraft recht!)
• verweigern Mitarbeitern/Vertretern die Teilnahme an Betriebsratssitzungen	
• reagieren nicht bzw. spät auf Anfragen des Betriebsrates	

Tabelle 7: Konflikte zwischen Meister und Betriebsrat

Fazit:

Der Meister sollte unbedingt einen kooperativen Umgang mit dem Betriebsrat pflegen. Beide Seiten haben schließlich ein gemeinsames Interesse daran, dass die Produktion reibungslos abläuft und die Mitarbeiter fair behandelt werden. Vergessen Sie nicht, dass der BR aber in erster Linie die Interessen der Mitarbeiter vertritt und es daher auch zu einem kritischen Austausch kommen kann. Allerdings lassen sich viele Themen und mögliche Missverständnisse schon beheben, wenn man gemeinsam regelmäßig „im Gespräch" bleibt und sich nicht ausschließlich zur Konfliktbesprechung trifft.

Kommunikationstechniken

Warum funktioniert Kommunikation häufig so schlecht?

5 Kommunikationstechniken

Die Kommunikation ist in einem Betrieb so etwas wie der „Klebstoff", der Mitarbeiter, Abteilungen und Prozesse miteinander verbindet. Wenn es innerbetriebliche Probleme gibt, hört man oft den Satz „hier wird einfach nicht gut kommuniziert". Miteinander zu sprechen scheint eigentlich ein einfaches Vorhaben zu sein; eine funktionierende Kommunikation aufzubauen ist aber trotzdem oft schwierig, da jeder Mensch seine eigene Vorstellung von Kommunikation hat.

Für manche Meister treffen folgende Aussagen zu, für Sie auch?

„Missverständnisse gibt es nur, wenn der andere nicht richtig zuhört"

„Meine Mitarbeiter und Kollegen interpretieren zu viel in manche Aussagen hinein"

„Ich habe keine Zeit für lange Erklärungen"

„Die Leute sollen hier nicht viel reden, sondern arbeiten"

Typischerweise glauben die meisten Menschen von sich, dass sie sehr gut kommunizieren und wenn es zu Störungen und Missverständnissen kommt, „der andere Schuld ist". In diesem Kapitel möchten wir uns daher mit wesentlichen Aspekten der Kommunikation befassen, und damit eine Unterstützung bieten, manche Missverständnisse und Kommunikationsstörungen zu vermeiden.

5.1 Grundlagen der Kommunikation

Beginnen wir mit einer „Kommunikationskette", die zum Nachdenken anregen sollte:

- Gedacht ist noch nicht gesagt
- Gesagt ist noch nicht gehört
- Gehört ist noch nicht verstanden
- Verstanden ist noch nicht einverstanden
- Einverstanden ist noch nicht angewendet
- Angewendet ist noch nicht beibehalten

Schaubild 15

Kommunikationstechniken

Diese Kommunikationskette klingt eigentlich logisch, nur in der Praxis treten immer wieder Kommunikationsstörungen auf, wie nachfolgendes Beispiel zeigt:

> Meister: „Warum haben Sie die Sicherheitsvorkehrungen nicht so vorgenommen, wie ich Ihnen das gesagt habe?"
>
> Mitarbeiter: „Aber ich habe doch auf alles geachtet, was Sie mir gesagt haben."
>
> Meister: „Eben nicht, ich habe doch gesagt, Ihre Leute sollen die Schutzbrillen anbehalten bis die Lötarbeit beendet ist."
>
> Mitarbeiter: „Ja, und ich habe verstanden, dass Sie damit die Hauptlötarbeit meinen, und nicht mehr die winzigen Nachbesserungen."
>
> Meister: „Na dann hoffe ich für Sie, dass Sie mir das nächste Mal besser zuhören!"

Moment! Was hat der Meister zum Abschluss gesagt: „…besser zuhören!" Genau hierin liegt die Ursache für viele kommunikative Missverständnisse im betrieblichen Alltag – und Schuld ist grundsätzlich der andere, der nicht richtig zuhört! Von dem österreichischen Kommunikations- und Sozialpsychologen Paul Watzlawik (geb. 1921) stammt folgende sehr interessante Aussage:

Aktives Zuhören ist eine Kunst!

> **„Wahr ist nicht, was A (der Sender) sagt, sondern was B (der Empfänger) versteht!"**

Der Sender einer Nachricht ist demnach für eine erfolgreiche Kommunikation verantwortlich. Er muss sich vergewissern, dass der Empfänger die Nachricht „richtig" versteht. Teilt der eine dem anderen etwas mit, steckt in dem Mitgeteilten oft nicht nur eine reine Sachbotschaft, sondern manchmal zusätzlich eine „Botschaft hinter der Botschaft". Der Empfänger wiederum empfängt auch häufig nicht nur die reine Sachbotschaft, sondern interpretiert seinerseits eine „Botschaft hinter der Botschaft" hinein. Diese geheimen Botschaften decken sich aber nicht immer!

Kommunikationstechniken

Inhaltsebene

Sender (Ehemann) — Mögliche geheime Botschaft: endlich mal kein üppiges warmes Essen am Abend — Sachbotschaft: „Oh, heute mal eine kalte Platte zum Abendessen." — Mögliche Interpretation: ach Gott, er wollte warmes Essen! — Empänger (Ehefrau)

Beziehungsebene

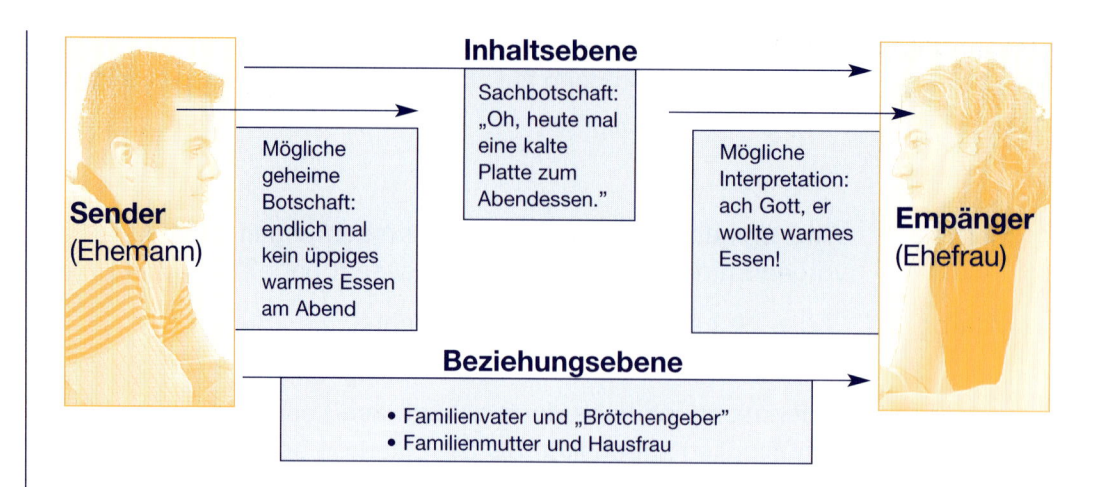

- Familienvater und „Brötchengeber"
- Familienmutter und Hausfrau

Schaubild 16

Die Kommunikation hat nach dem obigen Schaubild einen Inhalts- und einen Beziehungsaspekt.

> Die Inhaltsebene liefert Informationen zur Sache, die Beziehungsebene liefert Informationen über das persönliche Verhältnis der Gesprächspartner.

Ob es auch eine „geheime Botschaft" gibt ist demnach davon abhängig, wie die Gesprächspartner zueinander stehen. Ist das Verhältnis positiv bzw. unbelastet, werden Mitteilungen sachlich und urteilsfrei ausgetauscht. Fühlt sich aber einer der Gesprächspartner in irgendeiner Form unwohl oder minderwertig, wird die Kommunikation immer von der Beziehungsebene bestimmt. Diese ist dann wichtiger als die Inhaltsebene.

Kommunikationstechniken

Kommunikation in der Arbeitswelt

In der Arbeitswelt wird die Beziehungsebene vor allem von den unterschiedlichen Hierarchien und Funktionen bestimmt. Hierzu einige Beispiele:

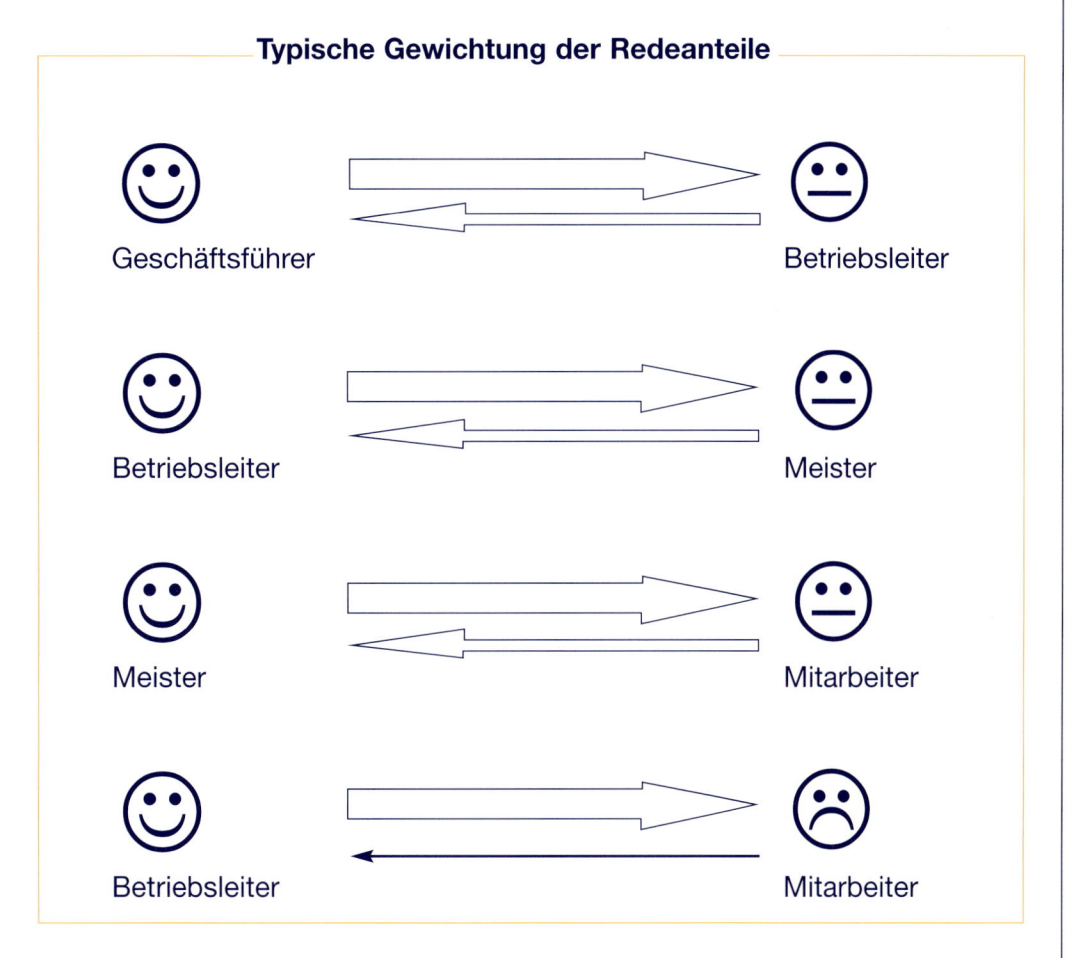

Typische Gewichtung der Redeanteile

Geschäftsführer → ← Betriebsleiter

Betriebsleiter → ← Meister

Meister → ← Mitarbeiter

Betriebsleiter → ← Mitarbeiter

Schaubild 14

Eine gleichberechtigte und für beide Seiten zufriedenstellende Kommunikation ist vor allem im Verhältnis Vorgesetzter/Mitarbeiter selten. Dies kann mit folgenden Faktoren zusammenhängen:

Vorgesetzte und Mitarbeiter kommunizieren häufig nicht gleichberechtigt miteinander

Vorgesetzter	Mitarbeiter
Ist selbstbewusst	Ist wenig selbstbewusst
Hat ein hohes Selbstwertgefühl, da er dem anderen „etwas zu sagen hat".	Hat ein geringeres Selbstwertgefühl, da er „zu gehorchen hat".
Kann sich besser ausdrücken	Kann sich nicht so gut ausdrücken
Kann Druck auf den Mitarbeiter ausüben	Muss sich dem Druck stellen

Tabelle 8: Kommunikationsgrundlagen Vorgesetzter/Mitarbeiter

Kommunikationstechniken

Der Vorgesetzte ist sich seiner höheren Position oft nicht bewusst und kommuniziert nicht absichtlich „von oben herab." Im Gegenteil, er versucht in der Regel ein offenes Gespräch zu führen und merkt nicht, dass ein Gespräch für den Mitarbeiter schlecht gelaufen ist, weil der Mitarbeiter einige Dinge negativ aufgefasst hat.

> **Einige typische „Killerphrasen" für eine schlechte Kommunikation:**
>
> „So, jetzt will ich dir mal etwas erklären..."
>
> „Was hast du denn nun schon wieder für eine nette Idee?"
>
> „Ist ja schön, dass du dir Gedanken machst, aber mach du mal lieber deine Arbeit."
>
> „Dazu fehlt dir noch die Erfahrung."
>
> „Freut mich, dass du das so wie ich siehst."

Die Basis erfolgreicher Kommunikation

Gehe ich auf meinen Gesprächspartner ein?

Erfolgreiche Kommunikation hängt in erster Linie von dem **Willen** der Gesprächsteilnehmer ab, aufeinander einzugehen. Hierfür ist es notwendig, sich der eigenen „Gesprächsposition" und der des Gesprächspartners bewusst zu werden.

Man sollte sich nicht immer nur fragen, was **ich** mitteilen möchte, worum es **mir** in der Gesprächssituation geht, sondern sich auch in die Situation der Gesprächspartner oder Zuhörer versetzen und versuchen, deren Gesprächsvorstellungen zu erfassen.

In den meisten Gesprächssituationen gehen wir grundsätzlichen von der Position des „**Ich-Menschen**" aus, der sich fragt: was sind meine Interessen, was will ich erreichen?

Versuchen Sie, sich von Ihrem Standpunkt zu lösen und sich in die Position des „**Du-Menschen**" zu versetzen, mit den Fragen: was sind die Interessen meines Gesprächspartners und was erwartet er von mir?

Mit Hilfe dieses Grundansatzes können oftmals Missverständnisse vermieden und die eigenen Vorstellungen besser kommuniziert werden.

Kommunikationstechniken

Irritationen durch Kommunikationsstörungen

Gesprächsverläufe nehmen häufig nicht den gewünschten Verlauf, weil es in dem Gesprächsverhalten der Teilnehmer zu Kommunikationsstörungen kommt:

- Menschen sagen nicht immer, was sie wirklich meinen
- ein Gesprächsteilnehmer hört nicht richtig zu, weil er sich schon überlegt, was er als nächstes sagen will
- statt sachliche Informationen zu übermitteln, stellen sich die Kommunikationspartner selber dar
- gleiche Wörter haben für verschiedene Gesprächsteilnehmer eine unterschiedliche Bedeutung
- der Sprecher drückt das, was er sagen will, nicht korrekt aus

Wir können unsere Kommunikationsfähigkeit verbessern. Versuchen Sie, sich während Ihrer Alltagsgespräche immer wieder auf die oben genannten Schwachstellen hin zu kontrollieren und Kommunikationsfehler zu vermeiden.

Weiterhin ist bei jeder Art von Kommunikation zu bedenken, dass Botschaften nicht nur vom Verstand ausgehend, sondern vor allem auch gefühlsmäßig gedeutet werden. Das Gefühl bestimmt oftmals, wie das Gesagte verstanden wird. Unser Gefühl setzt sich aus vielen verschiedenen Eindrücken zusammen. Schaubild 18 zeigt, wovon es bei vielen Menschen abhängt, wie eine Botschaft „ankommt".

In der Kommunikation zählen nicht nur die Worte, sondern auch das Gefühl.

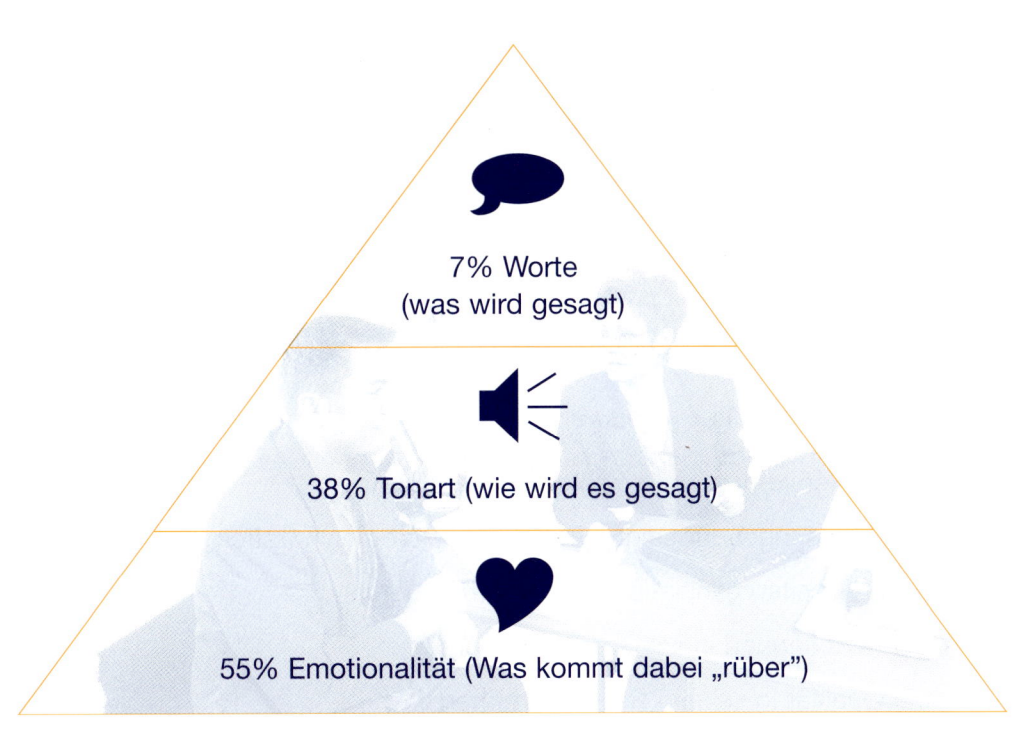

Für viele Menschen ist es dabei offensichtlich wichtiger wie etwas gesagt wird („der Ton macht die Musik" und „wie kommt es rüber") als was genau die sachliche Botschaft ist.

7% Worte (was wird gesagt)

38% Tonart (wie wird es gesagt)

55% Emotionalität (Was kommt dabei „rüber")

Schaubild 18: So fassen die meisten Menschen Informationen auf

Kommunikationstechniken

5.2 Mitarbeitergespräche führen

Mitarbeiter bemängeln häufig die mangelnde Kommunikation mit ihren Vorgesetzten. *"Der Meister hat noch nie mit mir darüber gesprochen, ob er zufrieden mit mir ist."* Dies ist ein typischer Ausspruch eines Mitarbeiters, der gerne einmal von seinem Meister wissen würde, wie er seine Arbeitsleistung einschätzt. Manche Meister haben ihrerseits aber wenig Zeit und/oder wirkliches Interesse, mit Mitarbeitern ein längeres Gespräch zu führen. Da hält oft der Gedanke Einzug, „was dieses Gerede denn bringen soll". Was es „bringt", können Sie aber am besten beurteilen. Wie viele Störungen in einem Team, Nachlässigkeiten bei der Arbeit und kleinere Konflikte hätten sich vermeiden lassen, wenn Sie frühzeitig ein Gespräch mit Mitarbeitern geführt hätten?

Mitarbeitergespräche bringen sowieso nichts ...

Das Mitarbeitergespräch sollte demzufolge ein zentrales Führungsinstrument des Meisters sein. Hiermit ist allerdings nicht das alltägliche Gespräch bei der Arbeit gemeint, sondern ein vorbereitetes Gespräch, das ein definiertes Ziel hat.

Formen des Mitarbeitergespräches sind:

- Zielvereinbarungsgespräch
- Beurteilungsgespräch (vgl. Kap. 2.7)
- Unterweisungsgespräch (vgl. Kap. 4.2)
- Gruppengespräch (vgl. Kap. 5.3)
- Kritik-/Konfliktgespräch (vgl. Kap. 7.4)

Wir befassen uns an dieser Stelle näher mit dem Zielvereinbarungsgespräch, da die anderen vier Gesprächsformen in anderen Kapiteln behandelt werden.

1. Vorbereitung des Gespräches

Der Meister sollte sich für jeden Mitarbeiter überlegen, welche Ziele er mit ihm vereinbaren möchte. Dazu muss er sich ein klares Bild von seinen Mitarbeitern machen, denn nicht jeder Mitarbeiter hat die gleichen Fähigkeiten und das gleiche Potenzial. Die zentrale Frage lautet also beispielsweise: „Was sind realistische Ziele, die Herr Kratz in diesem Jahr erreichen kann?"

Definieren Sie bitte die genaue Zielsetzung des Gespräches!

Der Mitarbeiter soll beispielsweise

- mitdenken lernen und selbstständig arbeiten
- Entscheidungen für seinen Zuständigkeitsbereich treffen
- seine Arbeitsorganisation besser strukturieren
- die Ausbringung in seinem Bereich erhöhen
- die Qualität in seinem Bereich erhöhen
- die Fehler reduzieren

Kommunikationstechniken

2. Gesprächstechniken

Die wesentliche Anforderung an die Gesprächsführung haben wir in Kap. 5.1 dargestellt:

Noch mal zur Erinnerung:

Fragen Sie sich nicht nur, was **ich** mitteilen möchte, worum es **mir** in der Gesprächssituation geht, sondern versetzen Sie sich auch in die Situation des Mitarbeiters und versuchen Sie, auch seine Gesprächsvorstellungen zu erfassen.

Beachten Sie: Typischerweise denkt der Vorgesetzte nach einem Mitarbeitergespräch, dass er seinem Mitarbeiter alles mitgeteilt habe und deshalb das Gespräch doch super gelaufen sei. Ob sich auch der Mitarbeiter wohl fühlt, ist oftmals anzuzweifeln. Um auch bei ihm ein gutes Gefühl zu bewirken, sollten Sie ihn durch offene Fragen dazu animieren, etwas von sich zu erzählen. So könnten Sie ihn zum Beispiel fragen: „Herr Kratz, was hat Ihnen denn im vergangenen Jahr gut und was weniger gut bei uns gefallen?"

Vom Ich-Menschen zum Du-Menschen

3. Durchführung des Gespräches

Bevor Sie mit dem Gespräch beginnen, sollten Sie sich fragen, was sie selbst von sich in der Gesprächsführung erwarten.

Beispiele:

- Dem Mitarbeiter respektvoll begegnen
- Ihm immer die Möglichkeit geben, sein Gesicht zu wahren
- Ihn in das Gespräch „zurückholen", wenn er zu passiv/zurückgezogen reagiert
- Ihn zu motivieren, selbst Ideen zur Verbesserung der Arbeitssituation zu liefern

Kommunikationstechniken

Der Ablauf des Gesprächs unterscheidet sich wenig von dem Beurteilungsgespräch und kann in folgende Phasen eingeteilt werden:

- Eisbrecherfragen zur Auflockerung der Atmosphäre
- Fragen an den Mitarbeiter zur Einschätzung seiner Arbeitsleistung und der allgemeinen Arbeitssituation
- Eigene Darstellung zu diesen Punkten
- Klärung von gegensätzlichen Meinungen und Wahrnehmungen
- Darstellung der vorher für diesen Mitarbeiter definierten Ziele
- Abstimmung dieser Ziele mit dem Mitarbeiter
- Schriftliche Fixierung der Ziele mit der Unterschrift der beiden Gesprächspartner
- Positiver Abschluss des Gespräches

Viele Vorgesetzte sind sich der möglichen negativen Folgen eines schlecht geführten Mitarbeitergespräches nicht bewusst.

Aber bedenken Sie: Durch ein schlechtes Gespräch von einer Stunde können Sie die Zusammenarbeit für ein ganzes Jahr vergiften!

Kommunikationstechniken

Zur Unterstützung von Zielvereinbarungsgesprächen bietet sich ein vorbereitetes Formular wie dieses an:

Arbeitsblatt 11: Mitarbeitergespräch (Zielvereinbarung)

Zielvereinbarung und Fördermaßnahmen für: ....

Ziel	Messgröße (woran wird erkannt, ob das Ziel erreicht wurde?)	Fördermaßnahmen		Termin (bis wann soll das Ziel erreicht werden?)
		Andere/ zusätzliche Aufgaben	Fortbildung	

Die Vereinbarung wird mit beidseitiger Unterschrift bestätigt:

_____   _____
Unterschrift des Vorgesetzten   Unterschrift des Mitarbeiters

_____   _____
Funktion   Funktion

Jahr:_____   Datum: _____

5.3 Teambesprechungen organisieren und leiten

Das vor uns liegende Thema wollen wir gemeinsam mit Ihnen anhand eines konkreten Falles aufarbeiten. Stellen Sie sich bitte hierzu folgende Situation vor:

> Sie sind Meister in einem Fertigungsbereich eines großen Pharmakonzerns. In letzter Zeit ist im Betrieb vermehrt von Mobbingfällen die Rede. Zu der nächsten Meisterrunde wird der Betriebsratsvorsitzende geladen, der aufgrund seines Kenntnisstandes berichtet. Er deutet an, dass es auch in Ihrem Fertigungsbereich erste Beschwerden gibt. Nach der Meisterrunde denken Sie intensiv über Ihr weiteres Vorgehen nach und ziehen eine Teambesprechung mit allen Mitarbeitern in Betracht.

1. Besprechung: ja oder nein, wenn ja, wie?

Als Erstes müssen Sie entscheiden, ob eine Besprechung überhaupt sinnvoll und erforderlich ist. Hilfreiche Fragen zu einer Entscheidung, ob eine Teambesprechung einberufen werden sollte, sind:

- Ist es das Thema oder Problem überhaupt Wert, dafür viel Zeit zu opfern?
- Möchten Sie die Mitarbeiter an Problemlösungen und Entscheidungen überhaupt beteiligen?
- Geht das Thema alle Mitarbeiter an oder sollten Sie den Teilnehmerkreis auf ausgewählte Mitarbeiter beschränken?
- Handelt es sich um ein Problem, für das Sie Informationen/Input von verschiedenen Mitarbeitern benötigen?

Sie sollten sich also auch im Klaren darüber sein, wer die „richtigen Teilnehmer" für Ihre Besprechung sind. Hierbei ist generell zu bedenken, welche Teilnehmer sind

- von der Sache „betroffen"?
- fachlich kompetent?
- entscheidungskompetent?

In dem vorliegenden Fall entscheiden Sie sich dafür, eine Teambesprechung einzuberufen. Tragen Sie bitte in den Kasten ein, warum diese Maßnahme in diesem Falle sinnvoll ist und wer daran teilnehmen soll.

Kommunikationstechniken

Schritt 1: Besprechung ja oder nein?

2. Einladungen an die Mitarbeiter

Verteilen Sie die Einladungen mit der Tagesordnung so früh wie möglich (spätestens drei Tage vor der Besprechung) und informieren Sie das Team über die Besprechung per Aushang, Telefon oder E-Mail. Durch das rechtzeitige Verteilen der Einladungen erhalten Sie einerseits die Möglichkeit, Feedback zu Inhalten, Teilnehmerzusammensetzung und Rahmenbedingungen zu bekommen, um gegebenenfalls Änderungen vorzunehmen. Auf der anderen Seite können sich die Mitarbeiter schon zu dem Thema Gedanken machen.

Verschicken Sie mit der Tagesordnung zusätzliche **Hintergrundinformationen,** um eine gemeinsame Gesprächsgrundlage zu schaffen.

Falls Teilnehmer eine Präsentation vorbereiten sollen, vereinbaren Sie vorher Dauer und Art der Präsentation und fragen Sie die Teilnehmer, welches Material und welche technische Ausstattung sie dazu benötigen.

Schritt 2: Formulieren Sie bitte zu unserem Thema in kurzen knappen Sätzen eine Einladung an die Mitarbeiter

3. Rahmenbedingungen schaffen

Die Rahmenbedingungen spielen bei der Organisation einer Besprechung eine wichtige Rolle. Ist alles gut vorbereitet und durchdacht, vermeiden Sie unnötige Störungen. Bedenken Sie: Menschen reden eher konstruktiv und ruhig miteinander, wenn Sie sich in einer sympathischen Atmosphäre befinden.

Uhrzeit:

Nach Möglichkeit halten Sie Besprechungen zu einem Zeitpunkt ab, an dem die Teilnehmer viel Energie haben. Am besten ist der Vormittag. Die ungünstigste Zeit ist das sogenannte „Mittagstief" von 13.00 – 14.00 Uhr. Achten Sie bei der Terminplanung auch auf die Produktionslaufzeiten. Wählen Sie nach Möglichkeit auch keine Zeitpunkte, an denen Sie für andere Abteilungen erreichbar sein müssen.

Dauer:

Je nach dem Anlass der Besprechung ist die Dauer unterschiedlich zu planen. Halten Sie die Besprechung so kurz wie möglich und so lange wie nötig. Veranschlagen Sie 30 Minuten bis 2 Stunden für eine Besprechung mit wenigen Teilnehmern, wenn Sie effizient arbeiten wollen.

Raum:

Der Besprechungsraum sollte geräumig, hell und gut zu lüften sein. Er sollte ruhig liegen, damit sie ungestört arbeiten können. Planen Sie eine angemessene Sitzordnung je nach Besprechungsthema und Teilnehmerzahl. Sie sollten alle erforderlichen Materialien bereithalten sowie technische Medien wie einen Tageslichtprojektor oder einen Beamer auf Funktionsfähigkeit überprüfen.

Pausen sind keine Zeitverschwendung, sondern wichtig und notwendig, um

- abzuschalten
- sich untereinander auszutauschen
- überkochende Emotionen zu beruhigen und Abstand zu gewinnen
- sich (und seine Gedanken) zu bewegen und frische Luft zu schnappen

Planen Sie Pausen ein,

- wenn die Besprechung stark ins Stocken gerät
- wenn sie merken, dass die Teilnehmer nicht mehr konzentriert sind
- wenn die Diskussionen zu emotional werden

Schritt 3: Setzen Sie die Rahmenbedingungen für Ihre Teambesprechung. Zu welcher Uhrzeit, über welche Dauer und in was für einem Raum findet Ihre Sitzung statt?

4. Eröffnung der Sitzung – Ziele und angestrebte Ergebnisse

Die Zielsetzung und die Orientierung an dem gesetzten Ziel ist das Herzstück einer Besprechungsmoderation. Beschreiben Sie so genau wie möglich, welche **konkreten Ziele und Ergebnisse** Sie am Ende dieser Besprechung erreicht haben wollen. Ihre Aufgabe ist es, den Teilnehmern gleich zu Beginn der Sitzung zu verdeutlichen, was erreicht werden soll. Je klarer Sie im Vorfeld den Anlass der Besprechung sowie die angestrebten Ziele und Ergebnisse formulieren, desto leichter fällt es Ihnen und den Teilnehmern, den roten Faden in der Besprechung beizubehalten. Die Teilnehmer können dadurch auch erkennen, ob sie die für das Thema notwendigen Voraussetzungen (Entscheidungsbefugnis, Kompetenzen, usw.) erfüllen.

Schritt 4: Beschreiben Sie die Ziele, die Sie mit dieser Besprechung erreichen wollen.

Kommunikationstechniken

5. Tagesordnung

Die Tagesordnung stellt die logische Reihenfolge dar, in der die Themen bearbeitet werden. Hilfreich ist es, die Themen zuerst zu sammeln und dann zu überlegen, in welcher Reihenfolge sie besprochen oder bearbeitet werden müssen. Sie sollten genau festlegen, wie detailliert die jeweiligen Tagesordnungspunkte/Themen besprochen werden müssen, um die angestrebten Ergebnisse zu erreichen.

Überlegen Sie auch, wie und wann zusätzliche Themen, die im Verlauf der Sitzung angesprochen werden, bearbeitet werden können.

Entscheiden Sie, welche **Vorgehensweisen** sich für die einzelnen Themen am besten eignen:

- Sollen Ideen gesammelt werden, beispielsweise durch gemeinsames Arbeiten am Flipchart oder dem Ausfüllen von Karten?
- Soll etwas präsentiert werden?
- Sollen die Teilnehmer eine Entscheidung treffen, wenn ja, wie werden die Entscheidungen erarbeitet und Ergebnisse dargestellt?

Sollten Sie unsicher sein, ob sie alle wichtigen Themen- oder Fragestellungen erfasst haben, können Sie die Teilnehmer um Ergänzungen und Feedback zur Tagesordnung bitten.

Beachten Sie:

Wer ist geeignet, die Sitzung zu leiten?

Wenn Sie der Meinung sind, Sie sollten aus bestimmten Gründen nicht selbst die Teamsitzung leiten (beispielsweise könnten Sie ja selbst in einen Konflikt verwickelt sein), überlegen Sie, wer die Moderationsrolle übernehmen soll und sprechen Sie mit der ausgewählten Person den Ablauf der Besprechung anhand der Tagesordnung durch.

> **Schritt 5:** Legen Sie bitte die Reihenfolge der zu bearbeitenden Themen fest und überlegen Sie sich, wie Sie im Verlauf der Besprechung methodisch vorgehen (z.B. Präsentation mit Folien? Ideen sammeln auf Karten?)

Kommunikationstechniken

Arbeitsblatt 12: Einladung Teambesprechung

Einladung

Thema der Besprechung:

Datum:

Beginn: Ende:

Ort:

Anlass der Besprechung:

Angestrebte Ergebnisse/Ziel:

Tagesordnungspunkte:

Tagesordnungspunkt (ggf. Zielsetzung/angestrebte Ergebnisse der einzelnen TOPs)	Verantwortliche Person(en) Angesetzte Zeit
1.	
2.	
3.	

Teilnehmer:

Bitte bringen Sie zu der Besprechung folgende **Unterlagen/Materialien** mit:

Mit freundlichen Grüßen

Kommunikationstechniken

5.4 Präsentationen durchführen

Von einem Meister wird immer häufiger erwartet, dass er Arbeitsergebnisse präsentiert, interne Schulungen durchführt oder Produktionsabläufe vorstellt. Hierzu benötigt er rhetorische Kompetenzen, die ihm Sicherheit geben und seine Präsentation überzeugend machen.

Persönliche Wirkungsmittel

Zunächst wollen wir uns anhand Schaubild 19 damit beschäftigen, wovon es eigentlich abhängt, wie ein Redner auf seine Zuhörer wirkt.

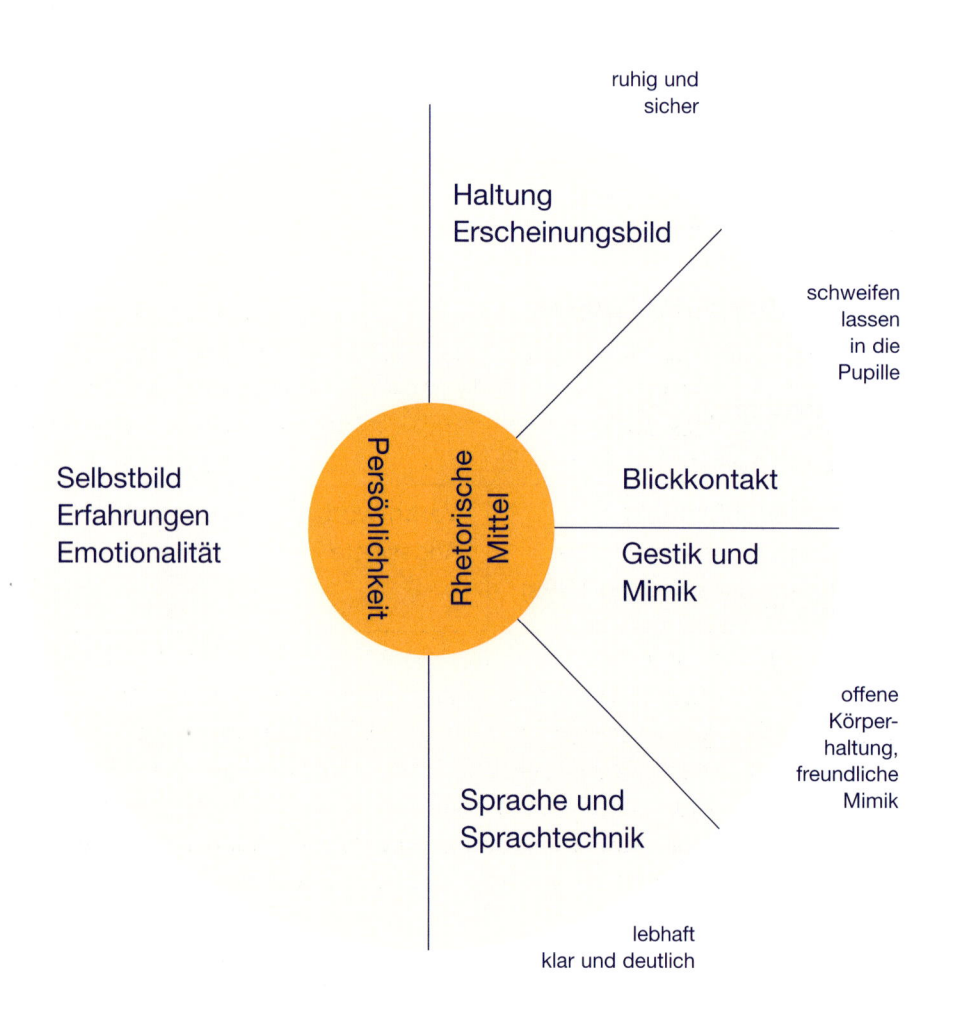

```
                              ruhig und
                               sicher
                                 |
                        Haltung
                        Erscheinungsbild
                                          schweifen
                                           lassen
                                           in die
                                           Pupille
  Selbstbild        Persönlichkeit | Rhetorische    Blickkontakt
  Erfahrungen                        Mittel
  Emotionalität                                   Gestik und
                                                  Mimik
                                          offene
                                          Körper-
                                          haltung,
                                          freundliche
                        Sprache und        Mimik
                        Sprachtechnik
                                 |
                             lebhaft
                           klar und deutlich
```

Schaubild 19: Persönliche Wirkungsmittel

Die **linke Hälfte** umfasst **persönliche Strukturen**, die sehr ausschlaggebend dafür sind, wie jemand nach außen hin auftritt.

Kommunikationstechniken

Selbstbild

Jeder Mensch hat ein Bild von sich selbst. Übertragen wir das auf Vortragssituationen könnte das im negativen Sinne lauten: „Mir hört sowieso keiner zu.", oder im positiven Sinne: „Ich bin ein guter Redner!" Wie immer man sich selber sieht, es wird sich nach außen widerspiegeln. Das Selbstbild und das Selbstwertgefühl lassen sich nicht von heute auf morgen verändern. Meistens ist es von Erfahrungen geprägt und es ist ein langer Prozess, zu einem wirklich positiven Selbstwertgefühl zu gelangen.

Es hilft aber in einem ersten Schritt, sich Erlebnisse und Situationen vor Augen zu halten, in denen man gut war und Lob geerntet hat. Machen Sie sich außerdem klar, dass das Publikum Ihnen gegenüber grundsätzlich positiv eingestellt ist, da Sie sich ja immerhin alleine vor einer Gruppe präsentieren. Versuchen Sie, Ihren Zuhörern genauso positiv gegenüber zu treten, damit Sie sich von Anfang an wohler fühlen und schließlich mit großer Wahrscheinlichkeit auch ein gutes Feedback erhalten.

Erfahrungen

Es liegt auf der Hand: Je mehr Vorträge man gehalten hat, desto mehr Sicherheit gewinnt man in der Regel. Nutzen Sie also Gelegenheiten, vor kleinen Gruppen zu sprechen und zu üben. Dies kann auch im privaten Rahmen sein, zum Beispiel im Verein oder bei Feiern. Auch kleine Mitarbeiterversammlungen können ein guter Anlass zum üben sein. Lassen Sie sich von vertrauten Personen auch immer wieder ein Feedback geben, denn nur dadurch erfahren Sie, in welchen Bereichen Sie sich noch verbessern können.

Emotionalität

Jeder Mensch hat seine eigene Persönlichkeitsstruktur. Der eine ist eher extrovertiert, der andere introvertiert. Es macht wenig Sinn, sich „umpolen" zu wollen, nur damit man „besser rüber kommt". Wer aber Schwierigkeiten hat, sich zu öffnen und andere zu begeistern, sollte nicht den einfachen Weg einschlagen und sich immer hinter seiner Persönlichkeit „verstecken". Wer etwas an sich arbeitet und einfach neue Dinge ausprobiert, kann oft wesentlich mehr aus sich herausholen, als er es vielleicht für möglich hält.

Die **rechte Hälfte** von Schaubild 19 zeigt die Vielfalt von **rhetorischen Mitteln**, deren Beherrschung zu einem überzeugenderen Auftritt beiträgt. Das Schöne daran: Sie können schon mit einigen kleinen Veränderungen viel erreichen.

Kleine Veränderungen in der persönlichen Präsentation können große Wirkungen zeigen.

Haltung und Erscheinungsbild

Die Körperhaltung spiegelt in der Regel das seelische Befinden wider. Ihre Zuhörer werden von Ihrer Haltung im positiven wie im negativen Sinne beeinflusst. Sowohl durch die Hände als auch durch die Bein- und Fußhaltung sollte Ruhe ausgestrahlt werden.

Beachten Sie grundsätzlich folgende Hinweise:

Hände

- Zeigen Sie Ihre Hände statt sie in der Hose oder hinter Ihrem Rücken zu verstecken
- Vermeiden Sie das Kratzen, Zupfen, Reiben o. ä. an irgendwelchen Körperteilen
- Nehmen Sie eine offene Körperhaltung ein, ohne die Arme vor der Brust zu verschränken
- Nutzen Sie Ihre Hände, um „durch sie zu sprechen"

Bein- und Fußhaltung

- Bewegen Sie sich im Raum, ohne ständig hin- und herzuwandern
- Halten Sie Ihre Füße ruhig
- Bleiben Sie locker und entspannt stehen

Das **Erscheinungsbild** spielt ebenfalls eine ganz entscheidende Rolle in der persönlichen Wirkung. In der Vortragssituation sollte der Grundsatz gelten: Ich möchte mich in dem Umfeld und dem Publikum entsprechend in meiner Kleidung wohlfühlen. Wenn Sie etwas vor der Geschäftsleitung präsentieren, fühlen Sie sich vermutlich in Ihrer Arbeitskleidung nicht mehr so wohl, weil es schlichtweg diesem Publikum gegenüber nicht passt. Achten sie auch unbedingt auf äußere Merkmale wie gewaschene Haare, gebügelte Hemden etc. Ob wir wollen oder nicht, der Mensch ist ein „Augentier" und fällt etwas negativ in das Visier, treten Inhalte schnell in den Hintergrund. Geben Sie Ihren Zuhörern also keinen Anlass dazu!

Blickkontakt

Durch den regelmäßigen Blickkontakt zum Publikum werden die Aufmerksamkeit und das Interesse der Zuhörer erheblich gefördert. Personen, die nicht angeschaut werden, verlieren deutlich schneller die Konzentration und das Interesse als die Zuhörer, die über den Blickkontakt einbezogen werden. Vermeiden Sie aber ein Anstarren einzelner Personen. In sehr großen Gruppen sollten Sie bemüht sein, den Blick über die Anwesenden im Raum schweifen zu lassen.

Gestik und Mimik

Der optische Eindruck hat auf viele Menschen eine stärkere Wirkung als das gesprochene Wort. Im Sinne der Bewertung kommunikativen Verhaltens gilt der Grundsatz:

Körpersprache kann nicht lügen!

Kommunikationstechniken

Die **Gestik** ist das Zusammenspiel von Armen und Händen, mit dem Ziel, die Bedeutung des gesprochenen Wortes körpersprachlich zu unterstützen.

Die Kunst besteht darin, eine Übereinstimmung von Gestik und Sprache herzustellen – eine ***Kongruenz***. Eine Inkongruenz wird sehr schnell vom Gesprächspartner/Zuhörer wahrgenommen und er wird meistens der Körpersprache „glauben". Achten Sie daher darauf, dass Ihre Gestik zu Ihnen passt, denn sonst wirkt sie verkrampft und unehrlich.

Versuchen Sie, mit den Händen Ihre sprachlichen Ausführungen zu unterstützen. Es darf aber nicht gekünstelt wirken. Wenden Sie Gestik nur in dem Rahmen an, wie Sie es noch als angenehm für sich selbst empfinden.

Unter **Mimik** versteht man die „Sprache des Gesichtes". Menschen mit einem besonders „offenen Gesichtsausdruck" wirken sympathisch und ansprechend. Ihre Gesprächspartner werden ihnen offen und aufgeschlossen gegenübertreten.

Der Tipp für Ihre Präsentation kann daher nur lauten: Sprechen Sie das Publikum auch durch eine offene Mimik an, denn „ein Lächeln kann mehr als tausend Worte bewirken!"

Gestik: professionell einsetzen, aber auch natürlich bleiben!

Im Zusammenhang mit der persönlichen Wirkung wird der Körper in drei Zonen eingeteilt.

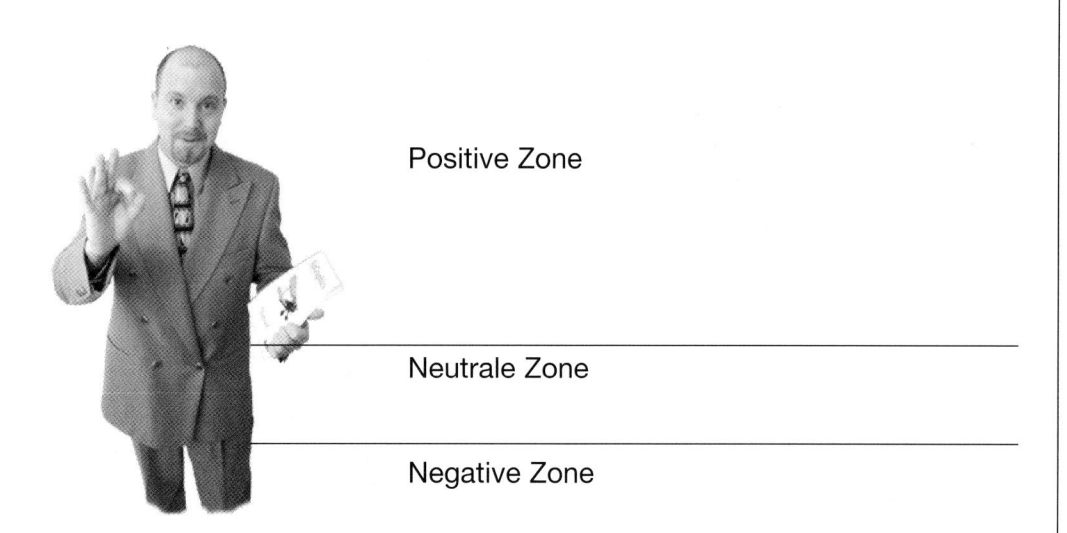

Positive Zone

Neutrale Zone

Negative Zone

Schaubild 20: Körperzonen nach der Wirkung der Gestik

Grundsätzlich sollten die Arme und Hände in der positiven Zone oberhalb der Gürtellinie positioniert werden, wo sie eine stärkere Außenwirkung erzielen. In der neutralen und besonders in der negativen Zone wirken sie hingegen passiv und drücken Beklemmung und Unsicherheit aus.

Kommunikationstechniken

Sprache und Sprechtechnik

Haben Sie Ihre Stimme schon einmal auf Band gehört? „Das klingt ja schrecklich!" war vielleicht auch Ihr Kommentar. Sie sollten deshalb Ihre Stimme kennen lernen und durch Sprech- und Leseübungen entsprechend ausbauen, um sie gut und effektiv einsetzen zu können. In der Tat will „richtiges" Sprechen trainiert sein, denn es gibt nur wenige Naturtalente.

Nachfolgend ein kurzer Überblick, wie sie Ihre Sprache und Sprechtechnik optimal nutzen können:

Aussprache und Artikulation

Um Ihre Aussprache und Artikulation zu verbessern, achten Sie darauf, dass Sie

- klar und deutlich sprechen
- keine Wörter, Silben oder Buchstaben verschlucken

Atemtechnik

- Richtig zu atmen ist für das wirkungsvolle Sprechen außerordentlich wichtig. Bei guter Atmung vermitteln Sie dem Zuhörer ein Gefühl der Ruhe und Kompetenz und mindern Ihr Lampenfieber.

Wir wissen aus Erfahrung, dass wir anders atmen, wenn wir aufgeregt, nervös oder angespannt sind. Durch bewusst ruhiges und gleichmäßiges Atmen können wir uns aber wieder beruhigen.

Beachten Sie, dass Sie...

- rechtzeitig atmen, um ein „nach Luft schnappen" zu vermeiden
- tief atmen, um ruhig zu bleiben
- durch die Nase atmen, um einen trockenen Hals zu vermeiden

> Atmen Sie vor dem Beginn Ihres Vortrages oder Rede 3 Mal tief ein. Zählen Sie beim einatmen und ausatmen bis 7 und beim Luft anhalten bis 3. Dies führt zur Beruhigung und hilft Ihnen, Lampenfieber abzubauen.

Modulation

Modulation ist die Verbindung von Aussprache – Sprechtechnik – Stimmlage – Betonung. Kennen Sie auch Menschen, denen man einfach „stundenlang zuhören" kann? Zuhörer können bei der Stange gehalten werden, wenn Sie Ihre Stimme gleich einem Instrument einsetzen. Spielen Sie mit Ihr und modulieren Sie Ihre Worte! Durch den Wechsel von Stimmlage – Lautstärke – Sprechtempo kann auch ein weniger mitreißendes Thema für den Zuhörer interessant gemacht werden.

Kommunikationstechniken

Pausentechnik

- Zu schnelles Sprechen „ohne Punkt und Komma" macht es dem Zuhörer schwer, das Gesprochene zu verstehen und vor allem zu behalten.

  Daher gilt: Beginnen Sie den Vortrag langsam, bleiben Sie bei Ihrem Sprechtempo und machen Sie gezielte Pausen.

> Setzen Sie öfters Pausen. Eine Pause nimmt das Tempo aus dem Vortrag, da man nach der Pause i. d. R. mit gemäßigtem Sprechtempo fortfährt.

Gut gesetzte Pausen haben einige Vorteile:

- Sie als Redner beruhigen sich in „kritischen" Phasen (Faden verloren, verhaspelt, etc.)
- Pausen schaffen Aufmerksamkeit und Spannung („Dramaturgische Pause": Pause nach besonders wichtigen Gedanken)
- Pausen beseitigen Unruhe und schaffen Disziplin
- Pausen geben Zeit zum ruhigen Atmen

Gewöhnen Sie sich daran, dass Sie die Sätze entsprechend ihrer Satzzeichen betonen! Nach einem Punkt muss eine kleine Pause gemacht werden, eine rhetorische Frage sollte in Frageform vorgetragen werden.

Üben Sie einfach mal (evtl. durch Besprechen einer Kassette), Satzzeichen bewusst „mitzulesen".

An dieser Stelle noch ein Hinweis: Vermeiden Sie Verlegenheitslaute wie „Äh", „Ähm" in den Pausen, sondern nehmen Sie die Pausen bewusst wahr – und schweigen Sie!

Vorbereitung, Aufbau und Struktur eines Vortrages/einer Präsentation

Viele Präsentationen sind schlecht vorbereitet und nehmen deshalb von Anfang an einen negativen Verlauf. Achten Sie also unbedingt darauf, sich sowohl inhaltlich gut vorzubereiten, als auch Ihre visuellen Hilfsmittel parat und funktionsfähig zu haben.

Der Vortrag selbst untergliedert sich in vier Phasen:

Phase I, Einstieg und Motivation:

In dieser Phase gilt es, das Interesse der Zuhörer zu wecken. Hierzu bieten sich beispielsweise an:

- eine rhetorische Frage
- eine besondere Begebenheit oder ein persönliches Erlebnis
- ein Zitat (z.B. aus der Firmenzeitschrift)
- ein aktueller betrieblicher Bezug

Phase II, Einleitung:

In der Einleitung wird das Thema deutlich beschrieben und der Meister erläutert, warum er jetzt und hier über das Thema spricht. An dieser Stelle werden bestehende Probleme verdeutlicht und offene Fragen formuliert. Wichtige Informationen für das Verständnis des Themas, eine klare Formulierung des Ziels und die Vorstellung der Gliederung runden eine gelungene Einleitung ab.

Phase III, Hauptteil:

Dies ist das „Herzstück" eines Vortrages. Der Meister stellt hier die Kernpunkte seines Themas vor. Zum besseren Verständnis empfiehlt es sich, komplizierte und komplexe Sachverhalte durch Tabellen, Schaubilder oder Grafiken zu verdeutlichen.

Phase IV, Schluss:

Es ist wichtig, zum Schluss des Vortrages die wesentlichen Inhalte, Erkenntnisse und Ergebnisse noch mal zusammenzufassen. Der Meister kann hier auch durch seine eigene Meinung zum weiteren Nachdenken anregen oder zum Handeln auffordern.

Kommunikationstechniken

Präsentationstechniken: Medien auswählen und einsetzen

„Ein Bild sagt mehr als tausend Worte". Viele Sachinhalte lassen sich durch Medien veranschaulichen. Sie helfen dem Zuhörer, Gesagtes besser aufzunehmen, zu verstehen und zu behalten. Setzt der Meister Medien ein, so sollte er dem Thema/Anlass entsprechend geeignete Medien auswählen. Arbeiten Sie also nicht mit Medien, nur um diese eingesetzt zu haben. Im Folgenden werden die geeignetsten Medien zur Präsentation vorgestellt:

Folien

Folien werden sehr häufig bei Präsentationen eingesetzt. Da sie fast ausschließlich mit dem PC erstellt werden, beziehen sich die folgenden Tipps auf die Folienerstellung mit dem PC:

- mind. 14 pt Schriftgröße
- kurze prägnante Informationen auf eine Folie setzen
- ausreichend Platz am Rand lassen, damit sich die Folien über den Tageslichtprojektor gut darstellen lassen
- mit unterschiedlichen Farben und grafischen Elementen arbeiten
- wenn möglich Bilder/Fotos einbauen
- Aufteilung der Folie: 1/3 Text, 1/3 Grafik/Bilder, 1/3 Freiraum

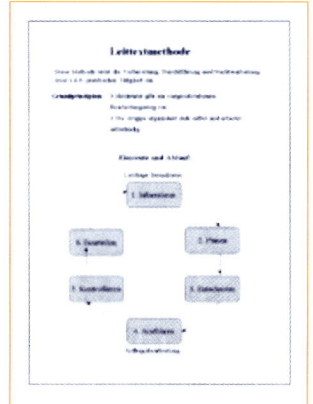

Flipchart

Dieses Medium bietet sich in kleineren Räumen bei geringer Teilnehmerzahl an. Achten Sie für die Arbeit mit dem Flipchart auf folgende Aspekte:

- Schriftgröße mind. 5 cm
- verschiedene Farben benutzen
- das Blatt übersichtlich aufteilen und das gesamte Blatt nutzen
- nur so viel Information wie nötig auf einem Blatt präsentieren

Pinnwand

Der Einsatz einer Pinnwand bietet sich vor allem dann an, wenn der Meister die Teilnehmer aktiv beteiligen möchte, so etwa bei einer Gruppenbesprechung. Üblicherweise wird an der Pinnwand mit Karten gearbeitet. Der Meister kann beispielsweise eine Frage stellen („Wie beurteilt ihr die Kommunikation in unserer Abteilung?") und die Antwortkarten anpinnen. Bitte beachten Sie dabei, dass

- vor der Arbeit ausreichend viele Nadeln zur Verfügung stehen
- eine ausreichende Anzahl und entsprechende Farben an Moderationskarten vorhanden sind
- die Themenüberschrift auf der Pinnwand angebracht ist

Werkstücke, Modelle, Werkzeuge

Ist eine Präsentation sehr praxisorientiert, bietet sich eine Veranschaulichung mit diesen Medien an. Menschen können viele Dinge wesentlich besser nachvollziehen, wenn sie etwas „zum Greifen" haben. Es ist auch für den Meister einfacher, etwas direkt am Objekt zu zeigen, als nur darüber zu reden, wie es gemacht wird. Wenn Sie mit Werkstücken etc. arbeiten, achten Sie darauf, dass

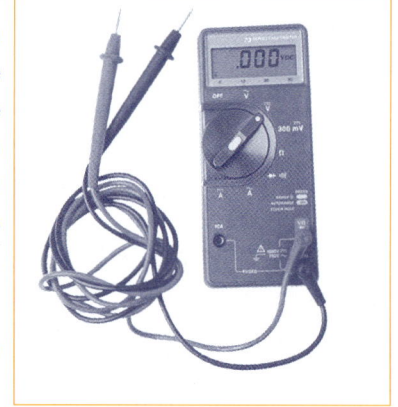

- nach Möglichkeit jeder Teilnehmer ein Werkstück bekommt
- sie genügend Zeit einräumen, mit dem Werkstück zu hantieren
- sie gegebenenfalls über mögliche Verletzungsgefahren informieren

Fazit:

Eine gute Vorbereitung ist eine wesentliche Voraussetzung für eine gelungene Präsentation. Sie gibt Ihnen Sicherheit und sorgt im besten Falle für eine klare Struktur. Der Einsatz von Medien ist für viele Präsentationen sinnvoll, aber vergessen Sie nicht: Schöne Folien werden niemals über die Kompetenzen des Redners dominieren. In erster Linie kommt es daher auf Ihre rhetorischen Fähigkeiten an, die Sie durch regelmäßiges Training ausbauen können.

6 Zusammenarbeit in Produktionsteams

Die Arbeit in Gruppen gehört heutzutage zum betrieblichen Alltag. Die Gruppenarbeit kann in der modernen Arbeitswelt zu optimalen Arbeitsergebnissen führen. Dieses Ziel wird aber nur erreicht, wenn die Gruppe auch als „Team" zusammenarbeitet und sich Synergieeffekte (positives Ergebnis, das sich aus dem Zusammenwirken mehrerer Bereiche ergibt) ergeben nach der **Formel:**

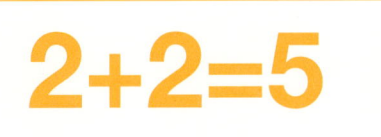

$$2+2=5$$

Ein positiver Effekt ergibt sich allerdings nur dann, wenn die Mitarbeiter ihre Erfahrungen, Fachkenntnisse und Ideen untereinander austauschen und dadurch bessere Ergebnisse erzielt werden als wenn jeder Mitarbeiter alleine seinen Beitrag zum Abteilungsergebnis leistet. Leider sieht die Realität in vielen Teams aber so aus, dass gerade dieser Austausch nicht oder nur unzureichend stattfindet.

(Nur) ein gut funktionierendes Team erzielt Synergieeffekte.

In diesem Kapitel wollen wir uns

- erstens damit auseinander setzen, welche Rolle in diesem Zusammenhang der Mitarbeitermotivation zukommt und
- zweitens aufzeigen, worin der Unterschied zwischen einer Gruppe und einem Team besteht und welche Möglichkeiten der Meister hat, aus seinen Mitarbeitern ein Team zu formen, in dem sich wirklich Synergieeffekte ergeben.

6.1 Die Macht der Motivation

Was motiviert einen Menschen, seine Arbeit engagiert, zuverlässig und mit Freude auszuführen? Dies sollte eine der zentralen Fragen für Führungskräfte sein, denn motivierte Mitarbeiter müssen weniger kontrolliert werden, sie erzielen bessere Arbeitsergebnisse, weisen weniger Fehlzeiten auf und tragen somit dazu bei,

> dass ein Vorgesetzter weniger Zeit mit nervenaufreibender Führungsarbeit verbringen muss, sondern sich um organisatorische, kreative und betriebliche Abläufe kümmern kann.

Zusammenarbeit in Produktionsteams

In der folgenden Tabelle sind auf der Basis von Umfragen die bedeutendsten Faktoren dargestellt, die für Arbeitnehmer wichtig sind.

Tabelle 9: Was Arbeitnehmer motiviert

Zukunftssicherheit des Arbeitsplatzes	61
Kollegiales Umfeld	54
Echte Freude an der Arbeit	53
Anerkennung durch den Vorgesetzten	46
Gute Bezahlung	40
Möglichkeit Beruf und Privatleben in Einklang zu bringen	37
Ein Vorgesetzter, der Vorbild ist	35
Möglichkeit zur Qualifikation und persönlichen Weiterbildung	32
Sprungbrett, beruflich voranzukommen	29
Flexible Wochenarbeitszeit	26
Kein Stress	14
Berufliches Ansehen	6

Umfrage unter 1007 Mitarbeitern durch Gemini Consulting

Entgegen der üblichen Vorstellungen ist der Lohn nicht der zentrale Motivationsfaktor. Vielmehr möchten Mitarbeiter in einem sicheren und kollegialen Umfeld mit Freude ihrer Arbeit nachgehen. Von Bedeutung ist darüber hinaus die „Motivationsarbeit" des Vorgesetzten durch Lob und Anerkennung. Diese Zahlen dokumentieren, wie außerordentlich wichtig das gesamte Zusammenspiel zwischen Teamarbeit und Führungsverhalten ist. Leider vernachlässigen viele Führungskräfte ihre „Motivationsarbeit" und sind sich nicht darüber bewusst, dass auch sie ihren Teil dazu beitragen, wenn die Mitarbeiter nur noch „Dienst nach Vorschrift" machen.

Viele Meister motivieren zu wenig.

Motivationsverlauf

Leistung/Erfolg Lust/Spaß

100%

Euphoriephase
Alles ist neu und spannend. Mitarbeiter ist sehr motiviert

50%

Leistungsphase
Mitarbeiter pendelt sich auf geringem Leistungsniveau ein

Widerstand-Desillusionierungsphase
Die anfängliche Euphorie lässt aufgrund verschiedener Faktoren nach

Tal der Tränen
Mitarbeiter denkt daran zu kündigen

0%   Zeit

bis 6 Monate   6-9 Monate   9-12 Monate   nach 12 Monaten

Schaubild 21

Betrachten wir den Fall eines neuen Mitarbeiters:

Tritt ein Mitarbeiter eine neue Stelle an, hat er in der Regel eine hohe Anfangsmotivation, auch Primärmotivation genannt (s. auch Kap. 4.1). Die Primärmotivation ergibt sich alleine aus der Lust an Leistung bzw. an einer Sache. Ein Mensch, der etwas gerne tut, ist demnach „aus sich selbst heraus" motiviert. Der neue Mitarbeiter ist also motiviert, weil ...

- er beweisen möchte, das er der Richtige ist,
- er neue Kollegen kennen lernt, mit denen er sich gut verstehen möchte,
- die Arbeit neu und herausfordernd ist.

Im Laufe der Zeit lässt die Primärmotivation leider häufig nach, wie anhand des Schaubildes 21 nachvollzogen werden kann.

Zusammenarbeit in Produktionsteams

Was sind die Gründe für eine nachlassende Motivation? Möglicherweise stellt sich heraus, dass der Mitarbeiter etwas anderes erwartet hat. Auch private Probleme können Anlass dafür sein, dass die Motivation nachlässt. In diesen beiden Fällen kann der Meister nur bedingt helfen. In der betrieblichen Praxis sind allerdings sehr häufig **innerbetriebliche Einflüsse** für die sinkende Motivation bei Mitarbeitern verantwortlich.

Überlegen Sie bitte, wie in Ihrem Arbeitsbereich motiviert wird und was unter Umständen verbessert werden kann!

Arbeitsblatt 13: Motivationsdefizite

Motivationsfaktor	Betriebsleiter/Meister/Vorarbeiter	Team
Lob und Anerkennung	z.B. eher mäßig, nur die Vorarbeiter loben manchmal	Die Kollegen loben sich generell nie gegenseitig
Herausfordernde/ abwechslungsreiche Tätigkeiten		
Arbeitsorganisation		
Kontrolle		
...		
...		
...		

6.2 Von einer Gruppe zum Team

Wie harmonisch und konstruktiv eine Gruppe zusammenarbeitet hängt davon ab, wie sich die Gruppe gebildet hat und wie die Gruppenmitglieder zueinander stehen. Grundsätzlich gibt es formelle und informelle Gruppen. Eine formelle Gruppe wird zu einem bestimmten Zweck zusammengesetzt und hat eine konkrete Aufgabe. Wir können also zunächst **jede Arbeitsgruppe** – wie beispielsweise sechs Mitarbeiter, die in der Druckvorstufe tätig sind – als eine rein **formelle Gruppe** bezeichnen. Es kann aber durchaus sein, dass die Gruppenmitglieder unterschiedlich stark motiviert und engagiert sind.

Eine **informelle Gruppe** wird hingegen nicht von außen gebildet, sondern hat ihren Ursprung in gleichen Interessen der beteiligten Personen. Informelle Gruppen in Ihrem Betrieb können beispielsweise „die Raucher", „die Jogger" oder auch „die Südländer" sein. Diese informellen Gruppen sind keineswegs als negativ anzusehen, nur manchmal entwickeln sie sich auch zu Meinungsmachern, spalten sich absichtlich von der Arbeitsgruppe ab oder grenzen bestimmte Kollegen aus.

> **Beispiel aus ihrem Umfeld:** Gibt es Grüppchen, die die Stimmung in der gesamten Arbeitsgruppe negativ beeinflussen, wenn ja, wodurch?

Es gibt formelle und informelle Gruppen.

Eine Gruppe ist nicht gleichzusetzen mit einem Team. Ein **Team** zeichnet sich vor allem dadurch aus, dass eine Gruppe

- sich aus **verschiedenartigen Mitarbeitern** zusammensetzt,
- die auf ein **gemeinsames Ziel** hin orientiert sind und
- mit Motivation **zusammenarbeiten,** um bessere Ergebnisse zu erzielen.

Diese Definition stellt die wichtigsten Aspekte der Teamarbeit in den Mittelpunkt:

1. Verschiedenartige Mitarbeiter

Ein Team setzt sich in der Regel aus Personen mit unterschiedlichen Charakteren, Verhaltensweisen und Interessen zusammen.

In den meisten Teams gibt es:

- die „Leitwölfe" („Alpha-Tiere"), die eine Führungsrolle übernehmen und ein dominantes Auftreten haben
- die Spezialisten und Fachleute, die ein hohes Ansehen in der Gruppe genießen
- eine Mehrzahl von Teammitgliedern, die überzeugt werden wollen, aber selbst eher passiv sind
- Außenseiter, die nur schwer in ein Team hineinfinden

2. Gemeinsame Zielsetzung

Jeder Teilnehmer eines Teams muss die für das Team geltende Zielsetzung annehmen und bereit sein, an dem Ziel mitzuarbeiten. Grundvoraussetzung dafür ist selbstverständlich, dass der Meister seinem Team klare Ziele und Erwartungen mitgeteilt hat und dass diese jedem bekannt und klar verständlich sind.

3. Zusammenarbeit

„Nur gemeinsam sind wir stark!" Dieser Spruch trifft sicherlich für die meisten Produktionsteams zu, denn nur durch eine gute Zusammenarbeit kann in vorgegebenen Taktzeiten eine hohe Qualität erzeugt werden. Die nachfolgend abgebildete Teamuhr zeigt, nach welchem zeitlichen Muster die Zusammenarbeit im Team häufig verläuft.

Zusammenarbeit in Produktionsteams

4 Verschmelzungsphase
Ideenreich
flexibel
offen
leistungsfähig
solidarisch

1 Testphase
höflich
unpersönlich
gespannt
vorsichtig

3 Organisierungsphase
Entwicklung
neuer Umgangsformen
und Verhaltensformen
Feedback
Konfrontation der
Standpunkte

2 Nahkampfphase
unterschwellige Konflikte
Cliquenbildung
mühsames Vorwärtskommen
Gefühle der
Auswegslosigkeit

Schaubild 22: Phasen der Teamentwicklung

Ein Team muss nicht zwangsläufig diese vier Phasen durchlaufen, nur weisen viele Teams Merkmale dieser zeitlichen Entwicklung auf. In den ersten drei Phasen braucht das Team viel Zeit um sich kennen zu lernen und zu organisieren, deshalb arbeiten sie häufig weniger produktiv. Man spricht in diesem Zusammenhang auch von der **60:40-Regel**, das heißt, viele Teams arbeiten während eines definierten Zeitraums (z.B. ein Jahr) nur zu etwa 40% (bei einem Jahr also knapp fünf Monate) wirklich produktiv.

> Teams arbeiten lange unproduktiv zusammen.

Nachfolgend wollen wir uns detaillierter damit befassen, anhand welcher Faktoren der Meister sein Team einschätzen kann und welche Mittel ihm zum Eingreifen zur Verfügung stehen.

6.3 Merkmale von „gesunden" und „kranken" Teams

Jeder Mitarbeiter ist individuell, hat eigene Interessen und besondere Fähigkeiten. Diese besonderen Fähigkeiten und Begabungen zu nutzen und in Einklang mit dem Team zu bringen ist die zentrale Aufgabe für den Meister. Die Vielfalt in einem Team kann sehr motivierend wirken, wenn alle das Gefühl haben von dem Wissen und Handeln des anderen zu profitieren. Die Übersicht zeigt, welche Merkmale ein Team aufweist, das harmoniert und in dem entsprechend gute Arbeitsergebnisse erzielt werden.

Merkmale für ein gesundes Team

- Jeder hat die Ziele verstanden und ist bereit an ihrer Erreichung mitzuarbeiten.
- Es gibt keine Diskussionen um die Frage, ob Informationen eher Hol- oder Bringschuld sind. Jeder, der Informationen hat, gibt diese freigiebig weiter. Jeder, der Informationen braucht, kümmert sich darum, dass er sie bekommt.
- Diskussionen sind sach- und nicht personenbezogen, auch wenn es um unterschiedliche Meinungen geht.
- Die Atmosphäre ist entspannt. Der Umgangston ist locker und ändert sich auch nicht, wenn der Meister anwesend ist.
- Niemand hat Angst Fehler zu machen oder Fehler zuzugeben.
- Bei Entscheidungsprozessen gilt die Kraft der Argumente und nicht das Recht des Stärkeren. Abweichende Meinungen führen nicht zur Diskriminierung.
- Das Team arbeitet harmonisch mit anderen Abteilungen zusammen.

Insbesondere Teams, die infolge einer Umstrukturierung neu gebildet werden oder aber auch schon (zu) lange zusammenarbeiten zeigen immer wieder Merkmale auf, die auf ein „ungesundes" Team bzw. Arbeitsverhalten schließen lassen.

Merkmale für ein krankes Team:

Kampf-Verhalten: Man greift sich gegenseitig an, äußert Beschuldigungen und verteidigt sich.

Flucht-Verhalten: Man weicht Verantwortung aus und ist möglichst nicht zu finden, wenn Probleme auftreten.

Befehlsempfänger-Verhalten: Man besteht auf klaren Anweisungen, Richtlinien und Vorschriften. Es wird nur das ausgeführt, was einem aufgetragen worden ist. In Besprechungen wird der Teamleiter immer wieder daran erinnert, dass er der Chef ist und somit die Verantwortung alleine zu tragen hat.

Freiheitskämpfer-Mentalität: Man lässt sich nicht mit Regeln und Vorschriften knebeln. Spielregeln werden abgelehnt und man verstößt grundsätzlich dagegen. Besprechungen sind durch „Rebellion" gekennzeichnet.

Zusammenarbeit in Produktionsteams

Kommen Ihnen einige dieser Verhaltensweisen bekannt vor? Dann befinden Sie sich vermutlich in der Gesellschaft vieler Kollegen, denn wo Menschen täglich zusammenarbeiten, läuft es nicht immer reibungslos. Der Meister sollte seine Teams im Auge behalten, „ungesundes" Verhalten erkennen und gegebenenfalls einschreiten. Nachfolgend sind einige typische Beispiele aufgeführt, die das Einschreiten des Meisters erfordern. Vielleicht helfen Ihnen die vorgeschlagenen Lösungen dazu, auch eigene Probleme in Ihrem Team anzugehen.

Ungesundes Teamverhalten	Lösungsvorschläge
Ein Mitarbeiter der Produktionsabteilung ist fachlich kompetent, aber sehr zurückhaltend und schüchtern. Das Team, in dem er arbeitet, macht sich einen Spaß daraus diese Schwäche auszunutzen und zieht ihn ständig auf. Aus Angst vor diesen Demütigungen fehlt der Mitarbeiter oft und seine Leistungen lassen nach.	Der Meister sollte zuerst das Gespräch mit dem schüchternen Mitarbeiter suchen, um heraus zu finden, was in ihm vorgeht. Anschließend wird eine Teamsitzung einberufen, in der deutlich ausgesprochen wird, dass der Meister so ein unkollegiales Verhalten nicht duldet und dem Team klar macht, dass es sich mit so einem Verhalten nur selbst schadet. Der Mitarbeiter braucht das Gefühl, dass der Meister hinter ihm steht und das Team braucht in dieser Hinsicht eine Grenze.
Zwischen zwei Mitarbeitern ist trotz mehrmaliger Zweiergespräche ein erbitterter Kampf entbrannt. Beide versuchen sich gegenseitig für die kleinsten Fehler die Schuld in die Schuhe zu schieben. Sie konzentrieren sich nicht mehr auf die Arbeit, sondern nur noch darauf, dem anderen zu schaden.	Der Meister sollte in so einer verfahrenen Situation das Gespräch mit beiden Mitarbeitern suchen, die Probleme sammeln und gemeinsam Lösungsvorschläge erarbeiten, an die sich beide Mitarbeiter halten müssen. Der Meister macht dabei deutlich, dass er kein Verhalten duldet, das die Arbeitsleistung negativ beeinflusst. Es ist wichtig, dass die Streithähne erkennen, dass sie durch ihr Verhalten sich selbst und dem Betrieb schaden.
Jeder im Team arbeitet für sich, keiner übernimmt die Verantwortung für sein Handeln und lässt alles stehen und liegen, sobald er mit der Arbeit fertig ist. Es wird kaum untereinander kommuniziert und Informationen werden nicht ausgetauscht. Die Motivation der Mitarbeiter leidet sehr unter dieser Arbeitshaltung.	Der Meister ist hier dringend gefragt, weil er kein Team hat, das effektiv und motiviert arbeitet. Er sollte regelmäßig Teamsitzungen einberufen und dafür sorgen, dass sich die Mitarbeiter miteinander unterhalten und dabei auch besser kennen lernen. Sie sollen erkennen, dass sie bei ihrer Arbeit aufeinander angewiesen sind und sich jeweils auf den anderen verlassen können.

Zusammenarbeit in Produktionsteams

| Ein Mitarbeiter im Team nimmt sich zu stark der „Führungsrolle" an und wird schließlich so dominant in seinem Verhalten, dass er die anderen Teammitglieder unterdrückt. Ein Teil der Mitarbeiter folgt aus Schüchternheit dem „Leitwolf", ein anderer Teil rottet sich als Protestgruppe zusammen. Die Folge ist, dass aufgrund der Missstimmung schlechte Arbeitsergebnisse produziert werden. | Der Meister muss den Leitwolf in seinem „Engagement" bremsen und versuchen, ihn bspw. durch Extra – aufgaben zufrieden zu stellen. Den Protestierenden wird so der Grund für ihre Aktion genommen und die zurückhaltenden Mitarbeiter können sich wieder in einer entspannten Atmosphäre ihrer Arbeit widmen. Grundsätzlich sollte das Gewicht zwischen „Leitwölfen" und eher schüchternen Mitarbeitern ausgeglichen sein. |

Zusammenfassend sollte der Meister folgende Aspekte beachten, um aus seiner Arbeitsgruppe ein funktionierendes Team zu machen:

Das Team braucht,

- eine klare Rollen- und Aufgabenverteilung (Abläufe, Verantwortlichkeiten und Strukturen)
- eine allen verständliche und bekannte Zielsetzung
- eine klare Erwartungshaltung, wie gearbeitet werden soll
- immer wieder Leistungserlebnisse und positive Ergebnisse um sich zu motivieren
- eine schnelle Kommunikation (Hol- und Bringschuld)
- Unterstützung durch die Vorgesetzten

Besteht hinsichtlich dieser Punkte Klarheit, fällt es dem Team leichter, effektiv und zielgerichtet zu arbeiten.

Zusammenarbeit in Produktionsteams

Praxistransfer

Nehmen Sie aus Ihrem Arbeitsbereich eine Abteilung, die nach Ihrer Auffassung kein Team ist (es kann auch eine Abteilung sein, mit der Sie zusammenarbeiten).

Welche „ungesunden Merkmale" weist diese Abteilung auf?

Warum ist es sinnvoll, aus dieser Abteilung ein wirkliches Team zu formen?

Welche Maßnahmen könnten Sie ergreifen bzw. sollten ergriffen werden, um aus dieser Abteilung ein Team zu formen?

7 Konflikte lösen

Ein Produktionsteam, in dem es absolut rund läuft und es keine Konflikte gibt, existiert nur sehr selten. Dies ist auch normal, denn wo Menschen mit ihren unterschiedlichen Ansichten, Verhaltensweisen und Arbeitsstilen zusammenarbeiten, treten manchmal Spannungen auf. Diese Spannungen sind so lange akzeptabel wie sie die Arbeitsleistung Einzelner oder von Gruppen nicht beeinträchtigen. Ist das aber der Fall, kann auch der Meister als Konfliktlöser gefragt sein, denn letztlich ist es sein Arbeitsbereich, der unmittelbar betroffen ist.

7.1 Konflikte am Arbeitsplatz... kosten Zeit, Energie und Nerven

Die meisten Konflikte beginnen im Kleinen. Es gefällt einem nicht, wie der Kollege arbeitet, wie er sich gibt, was er sagt oder was er will. Damit kann man sich arrangieren, wenn man nicht direkt betroffen ist. Wird aber eine Person durch dieses Verhalten direkt beeinträchtigt, ist es auf Dauer nicht akzeptabel. Wann kann also von einem Konflikt gesprochen werden?

Wann ist ein Konflikt wirklich ein Konflikt?

> Ein Konflikt besteht, wenn das Handeln einer Person, das Handeln einer oder mehrerer anderer Personen einschränkt oder massiv behindert.

Konflikte verhindern eine reibungslose Zusammenarbeit und können den gesamten Arbeitsprozess ins Stocken bringen. Ganz abzusehen von den nervenaufreibenden zwischenmenschlichen Spannungen, die den Beteiligten und eventuell sogar dem ganzen Team in dieser Situation zu schaffen machen. Zusammenfassend lässt sich als Einstieg für dieses Kapitels sagen: „Konflikte kosten Zeit, Energie und Nerven" ... wie auch die nachfolgenden Beispiele zeigen:

Fall 1

Der Vorarbeiter Max Lieb verlangt von dem türkischen Mitarbeiter Bülent Baydar wiederholt, dass dieser besser Deutsch lernt, damit er seine Anweisungen korrekt versteht. Bülent gibt sich seiner Meinung nach Mühe, es fällt ihm aber einfach schwer. Über mehrere Wochen gibt es Spannungen zwischen den beiden. Der Vorarbeiter Max lässt immer wieder negative Bemerkungen über Bülent fallen und dieser wirft ihm im Kollegenkreis Rassismus vor. Der Meister bekommt diesen Konflikt am Rande mit, nimmt ihn aber nicht sonderlich ernst. Allerdings wird er sich nun bald zwangsläufig damit befassen müssen: erstens wird er vom Betriebsrat angeschrieben, der den Vorarbeiter abmahnen lassen will, und zweitens mehren sich im Produktionsteam von Bülent Baydar die Fehler in der Montage.

Konflikte lösen

Fall 2

Ein Arbeitsteam aus der Möbelfertigung besteht aus acht Mitarbeitern, davon sind drei relativ jung. Sie machen häufiger Rauchpausen, sind aber der Meinung, schneller zu arbeiten als die anderen im Team. Die restlichen fünf Kollegen sehen das anders. Für sie ist klar, dass sie die Aufgaben der Jüngeren teilweise mit erledigen müssen, weil die zu oft Pause machen.

Fall 3

Es gibt in der Vormontage drei Vorarbeiter, davon arbeiten zwei aktiv gegeneinander. Dies führt dazu, dass sich auch ihre jeweils unterstellten Mitarbeiter untereinander nicht unterstützen. Der dritte Vorarbeiter ist oft damit beschäftigt, zwischen den anderen beiden Vorarbeitern zu vermitteln und die Arbeiter zu motivieren. Aus diesem Grund geht er nicht mehr gerne zur Arbeit. Er ist auf dem besten Wege innerlich zu kündigen, obwohl er seine eigenen Aufgaben gerne ausführt, aber die Grundstimmung im Team ist für ihn kaum aushaltbar.

Gibt es auch in Ihrem Betrieb einen möglichen Konfliktfall?

Die Fälle zeigen zwei Dinge sehr deutlich: Erstens kann sich ein Konflikt zwischen Mitarbeitern am Arbeitsplatz schnell auf den gesamten Arbeitsablauf auswirken. Zweitens muss der Meister einschreiten, damit der Arbeitsablauf und somit auch die Arbeitsergebnisse wieder stimmen.

> **Wir halten also fest:**
> Der Meister muss schnell die Dimension eines Konfliktes erkennen.
> Je länger ein tiefgreifender Konflikt schwillt, desto zeit- und nervenaufreibender wird es, ihn aus der Welt zu schaffen.

Konflikte lösen

7.2 Wahrnehmung und Verhalten in Konfliktsituationen

Wenn ein Konflikt ausbricht, ist grundsätzlich zunächst der andere Beteiligte Schuld. Die Fehler bei dem anderen zu finden, ist wesentlich einfacher als bei sich selbst zu suchen. Interessanterweise berichten aber Menschen oftmals, dass sie vor allem dann in Konfliktsituationen geraten, wenn sie selbst in einer aggressiven Stimmung sind.

Konflikte werden häufig durch eigene Unzufriedenheit ausgelöst.

> 1. Ein Familienvater hat sich am Arbeitsplatz aufgeregt, schon stört ihn zu Hause das unaufgeräumte Zimmer der Kinder oder „das immer gleiche Abendessen". Seine unterschwellige Aggressivität löst schnell einen Familienstreit aus. Für ihn sind aber selbstverständlich die Kinder (wegen des Zimmers) und die Frau (wegen des Abendessens) Schuld!
>
> 2. Ein Meister ist seit einiger Zeit in einen privaten Nachbarschaftsstreit verwickelt. Bei der Arbeit entlädt sich seine aggressive Grundstimmung vor allem im Umgang mit dem Vorarbeiter Kraus, der seine Kontrollfunktion „noch nie" richtig wahrgenommen hat und gegen den Elektriker Marco, der alles „easy" nimmt und sich auf Kosten der Kollegen einen schönen Tag macht.

Was passiert eigentlich bei einem Menschen, der in eine Konfliktsituation gerät?

Wenn ein Konflikt ausgebrochen ist, kommt es häufig zur Beeinträchtigung der **Wahrnehmungsfähigkeit**.

Die Aufmerksamkeit wird selektiv, das heißt:

- Manche Dinge werden schärfer, andere Dinge gar nicht gesehen (ich spüre sein schlechtes Gewissen ganz deutlich…)
- Störendes fällt auf, Positives wird übersehen (jetzt hat er wieder blöde gelacht…)
- Ereignisse werden verzerrt und oft verdreht wahrgenommen, so dass es in der Erinnerung zu einer Umkehrung der zeitlichen Reihenfolge kommen kann (erst hast du und nur deshalb habe ich…)
- Es wird nur noch das wahrgenommen, was dem eigenen Denkmuster entspricht (der Schmidt hat wieder…)

Insbesondere der letzte Aspekt ist von großer Bedeutung. Jeder Konfliktpartner macht sich ein Bild vom seinem Gegenüber. Verhält sich der andere z. B. unerwartet freundlich oder ist er plötzlich entgegenkommend und passt dies nicht in das Bild, werden diese Verhaltensweisen so gedeutet, dass sie in das negative Bild passen.

Konflikte lösen

Denken Sie an einen oder mehrere Konflikfälle.

Ist Ihre Wahrnehmungsfähigkeit im Konfliktfall auch beeinträchtigt? Reflektieren Sie sich und notieren Sie Ihre Erkenntnisse im Kasten:

So nehme ich im Konfliktfall Dinge wahr:

So denke ich über andere im Konfliktfall:

Konflikte lösen

Konflikttypen

In der Theorie werden Menschen in verschiedene Konflikttypen (vgl. Tabelle 10) eingeteilt. Die beiden Extreme sind der Konfliktscheue und der Streitlustige. Die meisten Menschen bewegen sich vermutlich irgendwo dazwischen. Es ist aber interessant, sich mit den Merkmalen dieser beiden Extremtypen zu befassen. Sie geben Aufschluss darüber, wie schwer es für verschiedene Menschen überhaupt ist, sich aufgrund ihrer eigenen Denk- und Verhaltensweisen in einem Konflikt konstruktiv zu verhalten.

	Konfliktscheu	**Streitlustig**
Grundannahmen	• Konflikte kosten Kraft, darum: Hände weg davon • Offene Konflikte zerstören unnötig vieles! • Konflikte vertiefen nur die Gegensätze, Differenzen sind im Grunde doch nicht lösbar	• In Konflikten erlebe ich mich selbst – sie steigern die Vitalität! • Nur aus Chaos entsteht wirklich Neues! • Konsens ist oft Illusion
Persönliche Haltung	• Rückzug, Defensive • Angst vor Auseinandersetzung • Ärger und emotionale Äußerungen werden unterdrückt • Differenz wird vor der Öffentlichkeit verborgen	• Offensive, Aggression • Spaß an Reibung • Eigene Emotionen werden gelebt und deutlich gezeigt • Differenz wird in der Öffentlichkeit ausgetragen

Tabelle 10: Konflikttypen

Zu welchen Konflikttypen tendieren Sie? Reflektieren Sie anhand Arbeitsblatt 13 Ihr eigenes Konflikt-/Kritikverhalten. Rufen Sie sich dafür einen letzten Konflikte – beruflich oder privat – ins Gedächtnis.

Konflikte lösen

Arbeitsblatt 13: Reflektieren Sie Ihr eigenes Kritikverhalten!

1. Wie verhalte ich mich typischerweise, wenn ich kritisiere?
2. Wie verhalte ich mich typischerweise, wenn ich kritisiert werde?
3. Welche Dinge möchte ich in meinem Kritik-/Konfliktverhalten verändern?

Konflikte lösen

7.3 Der Meister als „Konfliktmanager"

Als Führungskraft sind Sie natürlich gefragt, wenn in Ihrem Bereich Konflikte auftreten, die das Team beeinträchtigen und zu schlechteren Arbeitsergebnissen führen. Der Meister muss in einem solchen Falle also auch als Konfliktmanager auftreten können. Halten Sie sich vorab eines vor Augen:

> **Ein Konflikt ist auch eine Chance, da sie durch einen konstruktiven Umgang mit dem Thema die Dinge positiv verändern können.**

Folgende zentrale Fragen helfen, einen Konflikt strukturiert anzugehen.

1. Ist der Konflikt ernst zu nehmen d.h. geht es „nur" um eine kleine persönliche Auseinandersetzung zwischen zwei Mitarbeitern oder kann sich der Konflikt ausweiten?
2. Welche Personen sind direkt, welche indirekt von dem Konflikt betroffen?
3. Wer sollte in die Lösung des Konfliktes einbezogen werden?
4. Worum geht es konkret, d.h. welche Personen, welches Verhalten, welche Handlungen sind angesprochen?
5. Wie sollte vorgegangen werden, um den Konflikt zu lösen?

Anhand dieser Fragen bearbeitete der Meister aus Fall 1 den Konflikt zwischen Max Lieb und Bülent Baydar

1. Nach dem Anschreiben vom Betriebsrat und der Fehlerhäufung war für den Meister klar, dass er den Konflikt zwischen dem Vorarbeiter und Herrn Baydar ernst nehmen muss. Möglicherweise hätte ein früherer Eingriff des Meisters z.B. in Form eines gemeinsamen Gespräches, die drohende Abmahnung verhindert. Grundlegend lässt sich festhalten, **dass immer dann, wenn die Arbeitshaltung/der Arbeitsprozess unter einem Konflikt leidet, der Meister Maßnahmen ergreifen muss**, bevor es eskaliert.

2. **Direkt betroffen** ist mittlerweile das ganze Arbeitsteam des Vorarbeiters Max sowie der Meister selbst, da sich der Betriebsrat mit der drohenden Abmahnung an ihn gewendet hat. Darüber hinaus lässt die Fehlerhäufung darauf schließen, dass die Konzentration und Motivation im Team nachlässt. **Indirekt betroffen** ist durch den stockenden Arbeitsprozess **die gesamte Produktion**.

3. In die direkte Konfliktlösung werden zunächst nur die beiden beteiligten Mitarbeiter einbezogen. Der Meister sucht den Kontakt und das Gespräch mit Max Lieb und Bülent Baydar, um eine gemeinsame Lösung anzustreben. Werden Maßnahmen getroffen, **die alle betreffen** oder **wird es von den Beteiligten gewünscht**, wird zu einem späteren Zeitpunkt das gesamte Team des Vorarbeiters in einer Teamsitzung in die Konfliktlösung mit einbezogen.

Konflikte lösen

4. Max Lieb und Bülent Baydar werden vom Meister im Gespräch über die Vorhaben des Betriebsrates informiert, um Ihnen die Dringlichkeit der Konfliktlösung bewusst zu machen. Anschließend wird um eine Erklärung dafür gebeten, wieso es so häufig zu Fehlern gekommen ist. Außerdem ist es wichtig, den Ursprung des Konfliktes ins Auge zu fassen, damit eine **sinnvolle und nachhaltige Lösung** erzielt wird.

5. Beide Konfliktpartner sollten im Gespräch mit dem Meister dem anderen ihre Sicht der Dinge darlegen und anschließend Kompromisse vereinbaren.

Max Lieb wird seine Bemerkungen einstellen müssen, weil er so die anderen Mitarbeiter negativ beeinflusst und Bülent Baydar auf diese Weise schlecht macht.

Herr Baydar sollte sich im Gegenzug weiter darum bemühen, besser Deutsch zu lernen. Möglicherweise findet sich jemand im Team, der ihn beim Lernen unterstützen kann. Es wird schriftlich festgehalten, welche Ziele erreicht und welche Regeln eingehalten werden müssen. Dies geschieht alles auf einer gemeinsamen Basis, weil beide im Arbeitsprozess aufeinander angewiesen sind. Im weiteren Verlauf wird eine Teamsitzung einberufen, um die anderen Mitarbeiter über die angegangene Konfliktlösung zu informieren. Es sollte auch klar werden, dass alle von einer gemeinsamen Lösung profitieren und sich aus diesem Grund auch alle bemühen sollten, um wieder ein Gleichgewicht und eine angenehme Arbeitsatmosphäre herzustellen.

Bearbeiten Sie nun Ihren Fall von Seite 115 anhand dieser Fragen

- Welche Personen sind direkt, welche indirekt von dem Konflikt betroffen?

- Ist der Konflikt ernst zu nehmen oder handelt es sich um eine persönliche Auseinandersetzung?

- Wer sollte alles in die Lösung des Konfliktes einbezogen werden?

Konflikte lösen

7.4 Konfliktarten

Die (Hinter-)Gründe für einen Konflikt sind nicht immer einfach auszumachen und zu beschreiben. Oft fällt es einem selber schwer, die eigentliche Ursache und das Thema eines Konfliktes zu erkennen. Deshalb ist es hilfreich, sich einen Überblick über die verschiedenen möglichen Konfliktarten zu verschaffen.

Grundsätzlich werden fünf Konfliktarten unterschieden:

Zielkonflikte

Ein Zielkonflikt ist dann gegeben, wenn zwei oder mehrere voneinander abhängige Parteien gegensätzliche oder konkurrierende Absichten verfolgen. Zielkonflikte entstehen dann, wenn man die Erwartungen und die Stellenbeschreibung nicht genau geklärt hat.

Fallbeispiel

> Meister Kannis am Produktionsband 2 ist extrem darauf bedacht das alle Vorschriften eingehalten werden. Sehr am Herzen liegen ihm Sauberkeit und Ordnung am Arbeitsplatz. Vorarbeiter Behrens ist neu in der Firma, sehr motiviert und kreativ. Er hat gute Ideen, lässt aber alles stehen und liegen, wenn er mit seiner Arbeit fertig ist. Meister Kannis ärgert sich und sucht schon sehr gereizt das Gespräch zum neuen Vorarbeiter. Herr Behrens fühlt sich angegriffen, weil Meister Kannis ihm gleich Vorwürfe macht, obwohl er ja gute Arbeit leistet. Der Zielkonflikt entsteht dadurch, dass Meister Kannis andere Ziele und Absichten (Sauberkeit und Ordnung) verfolgt als Herr Behrens (kreative Arbeit).

Beurteilungs- und Wahrnehmungskonflikte

Beurteilungskonflikte beziehen sich darauf, wie etwas gemacht wird. Unterschiedliche Meinungen über die Art und Weise, wie etwas auszuführen ist, führen zum Konflikt, auch wenn beide das gleiche Ziel haben.

Fallbeispiel

> In der Meisterrunde diskutieren die Bandmeister Geibl und Lagermeister Kuhner über die Beschädigungen am Material. Jeder weist die Schuld dem anderen zu. Betriebsleiter Comes legt daraufhin neue Regelungen für die Bandbelieferung fest, mit denen offensichtlich beide Meister einverstanden sind. Im Laufe der nächsten zwei Wochen bemerkt Meister Geibl, dass Meister Kuhner nicht mehr mit ihm spricht. Der hat nämlich die Entscheidung vom Betriebsleiter Comes als Vorwurf an ihn wahrgenommen und beurteilt den Sachverhalt nach wie vor anders.

Die Ursachen für Beurteilungs- und Wahrnehmungskonflikte sind:
- Unterschiedliche Wahrnehmungen und Einstellungen
- Unterschiedlicher Kenntnisstand/mangelnde Informationen

Verteilungskonflikte:

Verteilungskonflikte ergeben sich, weil es als ungerecht empfunden wird, wie Mittel oder Verantwortung verteilt werden.

Häufig ist der „innere Konfliktauslöser" nicht die ungerechte Verteilung. Der Betroffene hat lediglich das Gefühl, dass ihm nichts zugetraut wird, wenn „immer nur" die anderen einbezogen werden oder Verantwortung übertragen bekommen.

> Der Vorarbeiter Hermann ist sauer, weil der Vorarbeiter Peters in der Projektgruppe mitarbeiten darf. Es kann aber sein, dass Herr Hermann vor allem deshalb verstimmt ist, weil er sich in seiner Wertschätzung oder Anerkennung herabgesetzt fühlt und nicht unbedingt deshalb, weil er nicht in der Projektgruppe mitarbeitet.

Fallbeispiel

Ursachen für Verteilungskonflikte können sein:

- Ungerechte Verteilung bzw. fehlendes Verständnis für die Verteilung
- Mangelnde Aufmerksamkeit und Zuwendung

Rollenkonflikte:

Rollenkonflikte sind intrapersonelle Konflikte, d.h. Konflikte, die eine Person mit sich selbst austrägt. Jeder Mensch muss auch im beruflichen Alltag unterschiedlichen Rollen nachkommen. Man ist in einer Person Mitarbeiter, Kollege und gegebenenfalls Vorgesetzter.

> Meister Kannis vertritt gegenüber seinen Vorarbeitern eine andere Rolle als gegenüber seinem Betriebsleiter oder seiner Familie.
>
> Oftmals braucht man eine gewisse Zeit, um sich mit einer neuen Rolle im beruflichen Alltag zu identifizieren. Mehr Verantwortung zu übernehmen, mitzudenken oder gebraucht zu werden sind neue Rollenanforderungen, auf die sich Führungskräfte einstellen müssen.

Fallbeispiel

Ursachen für Rollenkonflikte sind

- Rollenunsicherheit, vor allem bei der Übernahme neuer „Rollen"
- Häufig wechselnde Rollenübernahme

Konflikte lösen

Beziehungskonflikte:

Beziehungskonflikte beruhen darauf, dass einem jemand unsympathisch ist oder man mit dem anderen „nicht kann".

Fallbeispiel

> Vorarbeiter Behrens kann den Vorarbeiter Peters nicht leiden, da der immer laut ist und sich in den Vordergrund spielen will. Er meint alles besser zu wissen und versucht oft, den neuen Vorarbeiter Behrens zu belehren.

Der Beziehungskonflikt zwischen Herrn Behrens und Herrn Peters kann auf unterschiedlichen Wertesystemen oder Persönlichkeitsstrukturen basieren.

Ursachen für Beziehungskonflikte sind dementsprechend:

- Antipathien (jemand ist einem unsympathisch)
- Vorausgegangene Konflikte

7.5 Mit Konflikten umgehen

Konflikte vermeiden

Viele Konflikte können von vorneherein vermieden werden

Im besten Fall werden Konflikte von vorneherein vermieden. Meister und Mitarbeiter sollten ihre gegenseitigen Erwartungen austauschen. So machen sich die Mitarbeiter möglichst konkrete Gedanken darüber, wie sie ihre Stelle sehen und teilen dies dem Meister mit. Der Meister stellt im Gegenzug seine Ansprüche an seine Mitarbeiter dar. Durch diese „Maßnahmen" haben beide Seiten die Möglichkeit, auf den anderen einzugehen und Missverständnisse zu vermeiden.

Trotz dieses Erwartungsaustausches wird es im betrieblichen Alltag immer wieder zu gegensätzlichen Meinungen, Missverständnissen und Auseinandersetzungen kommen. Wichtig ist, diese Aspekte frühzeitig anzusprechen. Viele Führungskräfte machen den Fehler, störende Faktoren nicht rechtzeitig genug zu thematisieren. Überlegen Sie sich als Meister auch im Voraus, welche Informationen für Mitarbeiter notwendig sind, damit diese manche Dinge nicht falsch deuten. Wichtig ist es außerdem, klare Absprachen zu treffen und Vorgehensweisen festzulegen, um keinen Stoff für Auseinandersetzungen zu liefern.

Konflikte lösen

Konflikte beseitigen – das Konfliktgespräch

Ist der Konflikt schon entstanden, sollte der Meister sich Gedanken über den Auslöser und die Art des Konfliktes (vgl. 7.4) machen, um am richtigen Punkt anzusetzen. Oft ist der Grund des „ersten Anscheins" gar nicht der wahre Grund für die Auseinandersetzung. Nur wenn Sie wissen, um was es eigentlich geht, können Sie auf Dauer bessere Zustände herbeiführen. Der Meister hat hierbei die Aufgabe, die beteiligten Mitarbeiter **offen anzusprechen** und sie nach dem Grund für ihr Verhalten zu fragen. Vielleicht löst sich der Konflikt schon an diesem Punkt, weil sich z.B. ein Mitarbeiter ungerecht behandelt gefühlt hat, ihm aber bestimmte Hintergrundinformationen vorenthalten worden sind, die zum Verständnis der Vorgehensweise notwendig waren.

Weiterhin bestehende Unstimmigkeiten können und sollten in einem gemeinsamen Gespräch gelöst werden. Häufig scheitern diese Konfliktgespräche aber an unklaren Strukturen. Es werden nicht alle wichtigen Punkte besprochen bzw. das Gespräch verläuft chaotisch. Darüber hinaus sind bei Kritik- und Konfliktgesprächen häufig starke Emotionen im Spiel, was zu gegenseitigen Anschuldigungen führen kann.

Ein wichtiges Ziel eines solchen Gesprächs liegt daher darin, eine klare Struktur zu schaffen, die es ermöglicht die strittigen Punkte zu besprechen und emotionale Ausbrüche zu reduzieren. Soziale Kompetenzen sind hier gefordert. Und gerade in diesem Bereich ist noch kein Meister vom Himmel gefallen. Wir können uns lediglich in unserer Entwicklung unterstützen, indem wir uns (und andere) auch in unserer Menschlichkeit akzeptieren und die Gelegenheit für eine offene Auseinandersetzung mit anderen nutzen.

Konfliktgespräche müssen sorgfältig vorbereitet sein.

Nachfolgend ist ein idealtypischer Verlauf eines Konfliktgespäches dargestellt.

Dieses Gespräch sollte unmissverständlich, aber freundlich geführt werden und auf keinen Fall einen persönliche Angriff beinhalten. Machen Sie sich klar, dass die Konfliktpartner in der Regel weiter zusammenarbeiten werden. Es geht also darum, positive Weichen für die Zukunft zu stellen!

Konflikte lösen

Idealtypischer Ablauf eines Konfliktgespräches zwischen Meister und Mitarbeiter:

1. Positive Gesprächseröffnung

Mit einem Smalltalk oder dem Verweis auf gute Leistungen sollte der Meister das Gespräch positiv eröffnen. Wichtig ist, den Mitarbeiter für die anstehende Kritik „empfänglich" zu machen. Schaffen Sie das nicht und der Mitarbeiter zieht seine „Barrieren" hoch, können Sie das Gespräch genauso gut abbrechen!

2. Soll/Ist-Abweichung

Der Meister nennt den konkreten Gesprächsanlass. Er stellt kurz und knapp dar, aufgrund welcher Soll/Ist-Abweichung die Kritik zustande kommt. In dieser Phase findet keine Stellungnahme oder weitere Begründung des Meisters statt.

3. Um Darstellung des anderen bitten

Der Meister bittet den Mitarbeiter, den Sachverhalt von seiner Seite darzulegen. Bei Unklarheiten fragt er nach, um die Position des Mitarbeiters möglichst gut zu verstehen.

4. Eigene Darstellung

Aufgrund der Darstellung des Mitarbeiters und seiner weiteren Informationen gibt der Meister den Sachverhalt von seiner Seite wieder. Fairness, Klarheit und sachbezogene Darstellung sind hierbei von besonderer Bedeutung.

5. Gemeinsamen Lösungsweg suchen

Der Meister fragt den Mitarbeiter nach seinen Ideen, das Problem zu lösen. Gemeinsam werden Vorschläge erarbeitet. Selbstverständlich müssen die gemeinsam gefundenen Vorschläge den „Abteilungszielen" entsprechen. Der Meister hat in dieser Phase die schwierige Aufgabe, den Mitarbeiter zu eigenen Lösungs- und Verbesserungsvorschlägen zu motivieren und gleichzeitig die eigenen Vorstellungen klar und deutlich zu vermitteln.

6. Ziele und Maßnahmen vereinbaren

Die in Schritt 5 erarbeiteten Ziele und Maßnahmen müssen unmissverständlich festgelegt werden. Hierbei ist es die Aufgabe des Meisters, die besprochenen Ziele und Maßnahmen und ggf. Kontrollen, detailliert und nach Möglichkeit schriftlich festzuhalten. Gegebenenfalls sollte gleich ein neuer Gesprächstermin vereinbart werden, um dann die hoffentlich positive Entwicklung zu besprechen oder im negativen Falle, um die Maßnahmen zu verschärfen.

7. Positiver Gesprächsabschluss

Zum Abschluss sollte der Meister das konstruktive Gespräch, die bisherige Zusammenarbeit oder andere Aspekte hervorheben. Ein abschließender Smalltalk kann zur Entspannung der Situation beitragen.

Konflikte lösen

Beispiel eines Konfliktgespräches:

Thema/Anlass: Meister Schwer ist unzufrieden mit Mitarbeiter Bernd, weil dieser nur das Allernötigste macht, sich gerne vor unangenehmen Arbeiten (sauber machen etc.) drückt und der Unmut im Team über sein Verhalten wächst.

Meister: Hallo Bernd, wie war der Tag heute?

Bernd: Danke gut, habe eine Menge geschafft.

Meister: Schön, das freut mich. Die Dinge, die du anpackst, machst du wirklich gut. Ich möchte mit dir aber kurz noch etwas besprechen. Mir ist aufgefallen, dass du die unangenehmeren Arbeiten gerne beiseite schiebst oder sie anderen überlässt. Wie siehst du das?

Bernd: Was meinen Sie denn konkret? Etwa den Zangensatz? Der ist immer so dreckig, da sehe ich nicht ein, dass ich ihn sauber machen soll, wenn die anderen es auch nicht tun. Außerdem ist es sowieso schwierig, ihn zu säubern. Naja, und die Kaffeetassen … ich vergesse es halt ab und zu.

Meister: Ist es denn wirklich so, dass die Werkzeuge immer dreckig zu dir gelangen? Und wieso ist es dir denn nicht möglich, sie zu säubern?

Bernd: Das Becken im Raum ist viel zu klein und außerdem liegt da immer so viel rum. Und die Sachen sind schon manchmal dreckig …

Meister: Klar ist, dass benutzte Sachen in einem ordnungsgemäßen Zustand gehalten werden müssen. Das gilt für dich ebenso wie für die anderen. Ich habe nicht den Eindruck, dass das Problem am zu kleinen Waschbecken oder an den anderen liegt, sondern ich denke, dass du die Dinge einfach gerne liegen lässt. Ich werde die Sache aber noch mal bis nächste Woche überprüfen. Ich bitte dich also, auf die Sauberkeit der Werkzeuge zu achten und dein Geschirr in Zukunft wegzuräumen so wie die anderen auch dazu verpflichtet sind. Vielleicht kannst du dir ja zur Erinnerung für die Kaffeetassen eine kleine Notiz an dein Fach pinnen?

Bernd: Ok, kann ich machen. Aber wenn das Werkzeug trotzdem dreckig zu mir kommt?

Meister: Dann biete ich dir an, mir es in diesen Fällen zu melden, damit wir der Sache nachgehen können. Ich würde sagen, ich komme in zwei Wochen noch mal auf dich zu. Und jetzt wünsche ich dir einen schönen wohlverdienten Feierabend!

Bernd: Danke, ebenso, bis morgen!

Arbeitsorganisation

Auf den Meister kommen immer mehr Aufgaben zu

8 Arbeitsorganisation

„Was soll ich denn noch alles machen?" Wenn Sie sich diese Frage auch öfter stellen haben Sie mit vielen Kollegen etwas gemeinsam. Die Aufgabenbereiche eines Meisters haben sich im Laufe der Zeit permanent erweitert. Einen Großteil seiner Zeit verbringt er mittlerweile mit organisatorischen, konzeptionellen und planerischen Tätigkeiten. Hinzu kommen Besprechungen und möglicherweise Projektarbeiten. Daneben bleibt einem Meister immer weniger Zeit für die „eigentlichen" Aufgaben wie anleiten, kontrollieren und Unregelmäßigkeiten im Produktionsablauf zu beheben. Diesen Wandel in den „typischen Meisteraufgaben" sollten Sie zunächst uneingeschränkt akzeptieren und im nächsten Schritt Ihre Arbeitsorganisation und Ihre Zeitplanung darauf abstimmen.

8.1 Zeit- und Selbstmanagement

„Eine der schlechtesten Verwendungen von Zeit besteht darin, etwas, das überhaupt nicht gemacht werden müsste, sehr gut zu tun!"

Brian Tracy in *„Eat that frog"*

In der Tat ist es so, dass wir zuweilen sehr viel Zeit und Energie für Dinge aufbringen, die vielleicht mäßig dringlich, aber nicht wirklich wichtig sind. Diesen Umstand greift das „Eisenhower-Prinzip" (benannt nach dem US-General Dwight D. Eisenhower) auf (vgl. Schaubild 23) und gibt entsprechende Handlungsempfehlungen.

wichtig	Terminieren: Planen und Teilaufgaben delegieren	Sofort erledigen!
Nicht wichtig	Gleich in den Papierkorb!	Delegieren
	Nicht dringlich	**dringlich**

Schaubild 23: Das Eisenhower-Prinzip

Lehnen Sie sich bitte kurz zurück und überlegen Sie, wie viele Tätigkeiten Sie in der letzten Zeit tatsächlich gleich „in den Papierkorb" hätten werfen können, weil deren Erledigung eigentlich weder dringlich noch wichtig gewesen ist. Und andererseits, welche Dinge gehen Sie sofort an: die dringlichen oder die wichtigen?

Nachfolgend ein Beispiel, wie wichtige Dinge schnell in den Hintergrund treten und Missverständnisse verheerende Auswirkungen haben können:

Arbeitsorganisation

Fallbeispiel

Fall:

In einer Großdruckerei ist ein großer Auftrag zu erledigen. Eine Pharmafirma möchte 100.000 Tablettenschachteln bedrucken lassen. Dieser Auftrag ist schon zweimal gelaufen, der Betriebsleiter weist seinen Meister Sturm aber darauf hin, dass es für das Logo eine neue Farbmischung gibt. Herr Sturm hat gerade eine Menge zu tun. Er ist als Leiter in ein Projektteam eingebunden und muss die Sitzung für den Nachmittag vorbereiten. Er schaut kurz auf das neue Schachtelmuster und bespricht dann schnell mit Vorarbeiter Luck die neue Farbgebung. Er weist Herrn Luck darauf hin, dass er von nun an nur in dringenden Fällen gestört werden möchte. Herr Sturm zieht sich zurück und die Tablettenschachteln gehen in die Produktion. Kurz vor der Projektteamsitzung kommt der Betriebsleiter wütend in Meister Sturms Büro.

Passiert ist Folgendes:

Vorarbeiter Luck hat die Produktion mit der neuen Farbgebung für das Logo gestartet. Es wurde allerdings übersehen, dass sich auf der kurzen Klappseite der Schachtel nicht nur die Farbmischung für das Logo, sondern auch für den darunter befindenden Schriftzug verändert hat. Diese Änderung ist für den Kunden sehr relevant. Der Betriebsleiter ist davon ausgegangen, dass sich Meister Sturm die neue Schachtel detailliert ansieht und die entsprechenden Farbveränderungen vornimmt. Nun ist er außer sich, beklagt den entstandenen Schaden, streicht die Projektsitzung und fordert Meister Sturm auf, unverzüglich den Produktionsablauf selbst zu überwachen.

Arbeitsorganisation

Fallanalyse:

Dieses Beispiel zeigt einige typische Probleme auf:

- Der Betriebsleiter gibt keine klaren Informationen, weil er meint, Meister Sturm wird sich schon detailliert mit der Sache befassen.
- Meister Sturm kennt das Produkt und schaut dementsprechend nur noch einmal kurz über die offensichtlichen Farbveränderungen.
- Meister Sturm hat die Sitzung im Kopf, die er optimal vorbereiten möchte. Er setzt hier seine Priorität und schenkt dem Bedrucken der Schachtel zu wenig Aufmerksamkeit.
- Vorarbeiter Luck hat sich auf die knappen Angaben seines Meisters verlassen und sich das Muster ebenfalls nicht detailliert angesehen.

Zwei Dinge haben alle Beteiligten gemeinsam:

- Keiner hat im entscheidenden Moment an die möglichen Auswirkungen gedacht, die folgen können, wenn Kleinigkeiten übersehen werden.
- Jeder hat den Auftrag für eine Routinearbeit gehalten und „Wichtigeres" zu tun gehabt.

Viele Produktionsfehler sind in der Tat darauf zurückzuführen, dass sich die Führungskräfte falsche Prioritäten und Ziele setzen und dabei den Blick für Details verlieren.

> Der Kern des Zeit- und Selbstmanagements besteht darin, die Wichtigkeit von Tätigkeiten richtig einzuschätzen, die angemessene Zeit und Konzentration darauf zu verwenden und mögliche ungewollte Auswirkungen in die Überlegung einzubeziehen.

Arbeitsorganisation

Den eigenen Standpunkt ermitteln

Der Beginn eines effektiven Zeit- und Selbstmanagements ist eine durchdachte Arbeitsorganisation. Um effektiv und zufrieden arbeiten zu können ist es wichtig zu wissen,

- welche Aufgaben auf einen zukommen werden,
- welche davon an Mitarbeiter delegiert werden können,
- wie viele dieser Aufgaben zu bewältigen sind und wirklich erledigt werden müssen,
- wann sie zu erledigen sind und
- wie die Aufgaben erledigt werden können.

Zur Unterstützung einer produktiven Prioritätensetzung verdeutlicht die ABC-Analyse (vgl. Schaubild 24) wichtige Dimensionen des Zeitmanagements. Hier werden gesamte Arbeitspakete in A, B und C-Aufgaben unterteilt und nach folgendem Muster klassifiziert.

Zeitlicher Aufwand ...

- 15% der Aufgaben sind A-Aufgaben, bewirken 65% an Ertrag und brauchen ca. 15% der eigenen Zeit
- 20% der Aufgaben sind B-Aufgaben, bewirken 20% an Ertrag und brauchen ca. 20% der eigenen Zeit
- 65% der Aufgaben sind C-Aufgaben, bewirken 15% an Ertrag und brauchen ca. 65% der eigenen Zeitt

Die ABC-Analyse verdeutlicht wichtige Dimensionen des Zeitmanagements:

Prioritätensetzung

Leistung/Wirkung/Gewinn/...

Wirkung:	65%	20%	15%
	A	B	C
Zeit:	15%	20%	65%

Schaubild 24: ABC-Analyse

Arbeitsorganisation

Wie setze ich Prioritäten?

Fertigen Sie ein **Arbeitsprotokoll** an und ordnen Sie die Aufgaben nach der Reihenfolge ihrer **Wichtigkeit**, nicht aber ihrer zeitlichen Dringlichkeit!

A-Aufgaben vorrangig behandeln!

Die oberen 15% der Aufgaben sind die A-Aufgaben, d.h. es sind jene Aufgaben, denen Sie täglich auch etwa 15% Ihrer Zeit geben sollten. Die Aufgaben haben in dieser Planung der Zeit absolute Priorität. Sie erzielen mit diesen eine hohe Effektivität von ca. 65% Ihrer Leistung.

B-Aufgaben auch delegieren!

Die mittleren Aufgaben, die B-Aufgaben, machen 20% der zu bearbeitenden Aufgaben aus. Bei den B-Aufgaben bedenken Sie, welche Sie selbst bearbeiten und welche delegiert werden können. Sie dürfen keineswegs aufgrund von B-Aufgaben die A-Aufgaben vernachlässigen. Für die B-Aufgaben sollten Sie ca. 20% der Arbeitszeit einplanen.

C-Aufgaben sind Routine

Die restliche Arbeitszeit (65%) planen Sie für die Erledigung der täglichen Routineaufgaben ein. Auch diese Zeit müssen Sie versuchen einzuhalten, denn sie dient der Abwicklung von Detailgeschäften. Je mehr C-Aufgaben Sie aufschieben können, desto besser! Sie erledigen sich unter Umständen von selbst. Denken Sie immer daran: Wichtigkeit geht vor zeitlicher Dringlichkeit.

> Nutzen Sie Ihre Zeit optimal für A-, B- und C-Aufgaben. Dann erreichen Sie ein 100%-iges Ergebnis. Verbringen Sie auf keinen Fall den größten Teil Ihrer Zeit mit C-Aufgaben. Dann kommen Sie nie auf 100% Leistung!

Anhand der ABC-Analyse und einer Tages- bzw. Wochenplanung können Sie Ihre Zeit klar und realistisch strukturieren und am Ende des Tages zufriedenstellende Ergebnisse sehen.

Wie ist es zu schaffen, den Arbeitsalltag möglichst produktiv und trotzdem möglichst stressfrei zu gestalten?

Zu Beginn sollten Sie wissen, wo Sie stehen und herausfinden, welche Faktoren den Arbeitsalltag negativ beeinflussen. Denn nur so wird klar, wo etwas verändert werden kann. Um ein Bild zu bekommen, wo Ihre Zeit bleibt, halten Sie Ihren Arbeitstag schriftlich fest. Notieren Sie sich über einen Zeitraum von drei Tagen, wie Ihr Tag abläuft einschließlich Pausen, Plaudern, nicht geplanten Gespräche, Zwischenfällen etc.!

Arbeitsorganisation

Arbeitsblatt 14: Muster eines Tagesablaufplansf

Dienstag 01.03.2005			
Tätigkeit	War geplant am	...und ist erledigt...	...und ist nicht erledigt, weil...
Teambesprechung vorbereiten	+	✔	Ausfall eines Mitarbeiters, ungeplanter Anruf von Lieferant X

Sie sehen vielleicht jetzt schon, wo Dinge nicht so gelaufen sind, wie Sie es eigentlich wollten: Sie haben vielleicht einen neuen Mitarbeiter zu kurz eingewiesen. Außerdem haben Sie wieder vergessen, einen Lieferanten anzurufen. Und der Stapel auf Ihrem Arbeitsplatz ist auch nicht kleiner geworden.

Es gibt unterschiedliche mögliche Ursachen für den geschilderten Ablauf:

- Sie haben sich nicht klar gemacht, welche Aufgaben genau auf Sie zukommen werden
- Sie haben sich keine klar formulierten und/oder realistischen Ziele gesetzt
- Sie haben die Aufgaben von der zeitlichen Anforderung her falsch eingeschätzt
- Sie haben falsche Prioritäten gesetzt
- Sie haben sich ablenken lassen
- Sie haben Dinge vor sich hergeschoben
- Sie konnten nicht konzentriert genug bei der Sache sein, weil Sie sich überfordert fühlten oder aus sonstigen Gründen wie Lärm o.ä. gestresst waren
- Sie haben Aufgaben nicht ausreichend delegiert
- Sie haben keine Wartezeiten oder Pufferzonen einberechnet

Die Liste der möglichen Ursachen ist lang. Letzten Endes fehlt es aber immer an Zeit, die woanders geblieben ist als geplant oder es liegt daran, dass der Tag scheinbar immer zu kurz ist. Sie wissen jetzt aber auch, warum die Dinge nicht erledigt wurden. Nehmen Sie diese Erkenntnis als Chance, um Ihre Arbeitseffektivität zu steigern.

Arbeitsorganisation

Damit die Zeit nicht verschwendet wird, gibt es ein paar grundlegende Regeln, die zu einem besseren Umgang mit der Zeit verhelfen. Sehen Sie sich hierzu folgendes Schaubild an.

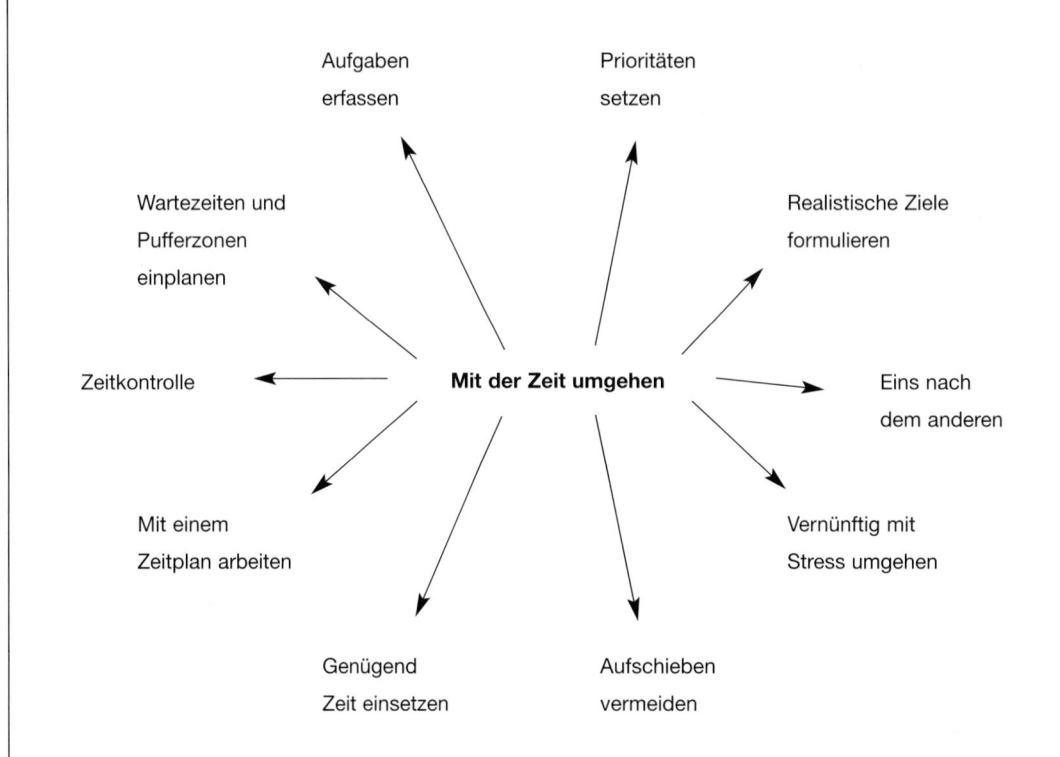

```
        Aufgaben          Prioritäten
        erfassen          setzen

Wartezeiten und                         Realistische Ziele
Pufferzonen                             formulieren
einplanen

Zeitkontrolle  ←  Mit der Zeit umgehen  →  Eins nach
                                            dem anderen

                                        Vernünftig mit
Mit einem                               Stress umgehen
Zeitplan arbeiten

        Genügend          Aufschieben
        Zeit einsetzen    vermeiden
```

Schaubild 25: Mit der Zeit umgehen

Die Aufgaben erfassen

Als Erstes sollten Sie die zu erledigenden Aufgaben erfassen und sich einen Gesamtüberblick verschaffen. So vermeiden Sie das unangenehme Gefühl, nicht zu wissen, wo Sie gerade stehen und was Sie eigentlich noch tun müssen.

Prioritäten setzen

Schwerpunkte zu setzen ist sehr wichtig, da man seine Zeit sonst mit unwichtigen Dingen vergeudet. Sachen, die dringend erledigt werden müssen, bleiben liegen, was zu Frustration und Stress führt. Prioritäten setzen bedeutet, effektiv zu arbeiten.

Realistische Ziele formulieren

Um am Ende eines Tages zufrieden auf sein „getanes Werk" blicken zu können, ist es unerlässlich, sich Ziele zu setzen. Deshalb sollten Sie sich klar machen, wie Sie die anfallenden Aufgaben in realistischen Schritten bewältigen können. Die Lage richtig einzuschätzen ist besonders wichtig, so dass Sie Ihre Ziele mit der zur Verfügung stehenden Zeit und den vorhandenen Mitteln auch wirklich erreichen können.

Arbeitsorganisation

Eins nach dem anderen

Erledigen Sie eins nach dem anderen, so besteht nicht die Gefahr, dass Sie sich verzetteln und letztlich gar nicht mehr wissen, wo Sie anfangen sollen. Außerdem behalten Sie den Überblick über Ihre Tätigkeiten und können, wenn Sie die Aufgabe erledigt haben, diese beruhigt abhaken statt infolge zu vieler anstehender Aufgaben in Hektik zu verfallen.

Wartezeiten und Pufferzonen einplanen

Eine noch so perfekte Planung ist zum Scheitern verurteilt, wenn keine oder zu wenig Reserve eingeplant wird. Damit zu rechnen, dass man warten muss und dass Dinge sich verzögern, weil etwas dazwischenkommt, hilft, unnötigen Stress zu vermeiden.

Aufschieben vermeiden

Unangenehme Tätigkeiten werden oft hinausgeschoben und bis zur letzten Minute nicht in Angriff genommen. Die Folge ist Zeitnot und ein schlechtes Gewissen. Darunter leidet häufig die Qualität der Aufgabenerfüllung – manche Aufgaben werden auch gar nicht erledigt. Deshalb sollten Sie diese Dinge nicht vor sich herschieben, sondern konsequent abarbeiten.

Genügend Zeit einsetzen

Bestimmte Aufgaben brauchen ihre Zeit. Oft wird mehr Zeit benötigt als geplant, die dann am anderen Ende wieder fehlt. Aus Erfahrungswerten wissen Sie wahrscheinlich, wie viel Zeit Sie für Ihre Standardarbeiten brauchen. Wenn Sie diese als Anhaltspunkt nehmen und eher großzügig planen, geraten Sie nicht in Verzug.

Mit einem Zeitplan arbeiten

Um einen Gesamtüberblick zu bekommen, ist es sinnvoll, sich einen Zeitplan zu erstellen und mit diesem zu arbeiten. In dem Zeitplan können Sie Ihre Aufgaben erfassen, Ihren Zeitbedarf festlegen, die vorhandene Zeit vernünftig strukturieren und letztlich auch Ihre Ergebnisse dokumentieren.

Zeitkontrollen

Damit die Planung auch funktioniert, ist eine Kontrolle notwendig. Überprüfen Sie Ihre Planung, um zu sehen, ob Sie sich zeitlich im Griff haben und um sich an neue nicht vorhersehbare Bedingungen anpassen zu können.

Arbeitsorganisation

Stress lässt sich selbst bei guter Arbeitsorganisation nicht gänzlich vermeiden

Auch wenn Sie verschiedene Methoden zu Hilfe nehmen, um sich zu organisieren, geraten Sie vielleicht doch in die eine oder andere stressige Situation. Stress hängt zwar häufig mit schlechter Planung und mangelnder Disziplin zusammen. Es ist frustrierend, wenn man seine Ziele nicht erreicht, sich über sich selber ärgert und viel Energie verschwendet. Aber selbst bei guter Planung lässt sich Stress nicht unbedingt vermeiden. Die Herausforderung besteht darin, einen möglichst positiven Umgang damit zu entwickeln.

Stress
Zeitmangel
Prioritäten
Ziele

Besprechungen
Produktion überwachen
Projektarbeit
Organisieren

Schaubild 26

Stressvermeidung

Positiv denken

Es ist wesentlich einfacher und entspannender, sich mit Dingen zu beschäftigen, denen man positiv gegenüber eingestellt ist. Halten Sie sich deshalb die guten Seiten Ihrer Arbeit vor Augen, um leichter an die Sache heranzugehen. So klagen Sie zum Beispiel nicht über den Haufen von Arbeit, wenn Sie als Meister das Lager neu gestalten sollen, sondern freuen Sie sich auf den verbesserten Zustand nach der Fertigstellung.

Realistische Selbsteinschätzung

Manchmal erwartet man zu viel von sich und fühlt sich überfordert. Machen Sie sich deshalb klar, wie viel und was Sie bewältigen können, damit Sie sich nicht ständig immer mehr unter Druck setzen, wenn Sie Ihre Ziele nicht erreicht haben.

Vorprogrammierte Misserfolge vermeiden

Oftmals wiederholen sich bestimmte Situationen, die immer wieder im Stress und nicht im gewünschten Erfolg enden. In solchen Situationen muss man bereit sein, sein „Programm" zu ändern, um diesen auf Dauer frustrierenden Erlebnissen aus dem Weg zu gehen.

Störfaktoren von außen erkennen und beseitigen

Oftmals will man konzentriert bei der Sache sein, hat gut geplant und ist engagiert bei der Arbeit, wird aber dann durch Faktoren wie Lärm, unnötige zeitraubende Gespräche oder der Suche nach verlegten Arbeitsmaterialien gebremst. Erkennen Sie, wenn Einflüsse von außen der Grund für Ihre angespannte Stimmung sind und versuchen Sie diese zu beseitigen.

Pausen machen

Manche Menschen gönnen sich erst eine Pause, wenn es schon „zu spät ist". Pausen dienen der Erholung und helfen, Stress erst gar nicht aufzubauen oder sich zu entspannen und wieder Kraft zu schöpfen.

Praxistransfer

Sie haben jetzt viel über Zeit- und Selbstmanagement gelesen. Wir bitten Sie nun, Ihr Zeitmanagement selbst in die Hand zu nehmen und über einen Zeitraum von drei Tagen Ihre eigene Aktivitätenliste zu erstellen. Orientieren Sie sich dabei nach Möglichkeit an dem nachfolgenden Muster.

Arbeitsblatt 15: Aktivitätenliste

Donnerstag, 3. März 2006					
Uhrzeit (geplant)	Was	Bis wann (geplant)	Priorität	Erledigt	Bemerkungen
7.00	Kontrolle der neuen Anlage	7.45	1	(ok)	VA dazu nehmen?

Arbeitsorganisation

8.2 Arbeitsplätze gestalten

Wir beginnen mit einem Fallbeispiel:

Fallbeispiel

> Bei einem Automobilhersteller sind fünf Mitarbeiter am Bandnebenplatz damit betraut, das Band mit Kabelsätzen zu beliefern. Der Bandmeister klagt regelmäßig über zu lange Wartezeiten und fordert eine schnellere Belieferung. Es werden mehrere Gründe für die unzureichende Arbeitsproduktivität vermutet. In erster Linie geht es darum, dass die Mitarbeiter nicht ausreichend engagiert und motiviert sind.

Bei einer späteren Analyse der Arbeitsplätze kommt aber ein Vorarbeiter zu folgendem Ergebnis:

1. Manche Kabelablageplätze sind für zwei Kollegen schlecht zu erreichen.

2. Der Arbeitsfluss wird dadurch behindert, dass drei Arbeitsplätze nicht in der „richtigen Reihenfolge" angeordnet sind.

3. Ein Kollege klagt über erhebliche Rückenbeschwerden durch anstrengende Seitwärtsbewegungen.

Die Arbeitsplätze wurden umgestaltet, was umgehend dazu geführt hat, dass das Band erheblich schneller beliefert wurde.

Fallanalyse

Die Einrichtung und Gestaltung von Arbeitsplätzen wird zunächst kaum beachtet, wenn nach Gründen dafür gesucht wird, dass eine Abteilung nur mäßig produziert. Oft ist man blind für die Schwachstellen an den Arbeitsplätzen, weil die Arbeitsplätze schließlich „schon immer so eingerichtet waren". Auch die Mitarbeiter zeigen oft wenig Eigeninitiative, um etwas zu verändern.

Arbeitsplätze gestalten und einrichten ist eine Führungsaufgabe des Meisters. Gute Arbeitsergebnisse hängen erheblich davon ab, wie effektiv der Meister und die Mitarbeiter an ihren Arbeitsplätzen arbeiten können und wie wohl sie sich fühlen. Die optimale Gestaltung des Arbeitsplatzes trägt viel dazu bei, dass die Produktion läuft. Es kommt zu weniger Erkrankungen, Fehlzeiten, Lustlosigkeit oder Absinken der Leistung.

Grundsätzlich sollten die Arbeitsplätze ergonomisch gestaltet sein d.h. der Mitarbeiter sollte nur so weit wie erforderlich körperlich und psychisch beansprucht werden. So gibt es bestimmte allgemeingültige Kriterien, die an allen Arbeitsplätzen zu beachten sind.

Arbeitsorganisation

Allgemeingültige Kriterien zur Gestaltung von Arbeitsplätzen

Schaubild 27:

Ausreichender Vorrat an Material

Wird für die Arbeit bestimmtes Material benötigt, so sollte dieses immer in ausreichender Menge vorhanden sein. Es muss geklärt sein, wer dafür verantwortlich ist, dass nachbestellt wird. Der Mitarbeiter, der das Material benötigt, sollte schnell und einfach darauf zugreifen können.

Genug Ablageplatz

Der Meister sollte darauf achten, dass der notwendige Ablageplatz ausreichend groß und an der richtigen Position ist, denn „nicht zu wissen, wohin mit dem Zeug" ist im Arbeitsablauf sehr hinderlich und kann zu Störungen führen.

Kurze Wege zwecks Informations- und Materialfluss

Arbeiten mehrere Mitarbeiter an einem Ablauf zusammen, so sollten diese sich ungehindert gegenseitig über den Gang der Dinge informieren und Material austauschen oder weitergeben können. Dazu sind kurze Wege zwischen den einzelnen Mitarbeitern unerlässlich.

Gute Lichtverhältnisse

Schlechtes Licht vermindert die Konzentration und macht auf Dauer müde. So sollte die Beleuchtung so gestaltet sein, dass der Arbeitsplatz optimal ausgeleuchtet ist (am besten mit Tageslicht) und unnötige Schatten vermieden werden.

Gute Raumbelüftung

Ein gutes Raumklima erleichtert das Arbeiten. Zu warme Lufttemperatur oder ein geringer Sauerstoffgehalt in der Luft lässt die Konzentration schwinden. Fühlt man sich dann müde und träge, so wirkt sich dies zum einen auf die Motivation aus, zum anderen kann es zu Nachlässigkeiten in der Arbeitsausführung kommen.

Arbeitsorganisation

Angepasste Bewegungsfläche

Der Raum, in dem sich der Mitarbeiter während seiner Arbeit bewegt, sollte entsprechend der Tätigkeit genug Freiraum beim Arbeiten gewährleisten. Gleichzeitig sollte der Mitarbeiter nicht weiter greifen und nicht weiter laufen müssen als notwendig.

Geringer Lärmpegel

Je nach Arbeitsplatz wird der Mitarbeiter mit mehr oder weniger Lärm konfrontiert. Zu viel Lärm macht müde, belastet dauerhaft den Körper bis hin zu Schwerhörigkeit. Es ist Aufgabe des Meisters, auf einen möglichst geringen Lärmpegel in seinem Bereich zu achten und Lärmschutzmaßnahmen wie das Tragen von Gehörschutz, lärmarmen Maschinen usw. zu veranlassen und zu kontrollieren.

Farbgebung

Die Farbe eines Raumes wirkt sich auf die Stimmung der Mitarbeiter aus. So sind zum Beispiel rot oder orange anregende Farben, während grün und blau eine beruhigende Ausstrahlung haben. Farben können außerdem der Orientierung im Betrieb und Kennzeichnung (z. B. Sicherheitswege) dienen.

Praxistransfer

Bewerten Sie zum Abschluss die Arbeitsplätze in Ihrem Bereich nach folgenden Kriterien:

- Erreichbarkeit und Ablage des Werkzeugs und des Materials
- „Bewegungsfreundlichkeit" (ergonomische Aspekte) für die Mitarbeiter
- Lärm- und Geruchsverhältnisse
- Anordnung der Arbeitsplätze (Arbeits- und Materialfluss)

Arbeitsorganisation

Arbeitsblatt 16: Arbeitsplatzgestaltung

Arbeitsplatz	Defizite/Bewertung	Ursache für Defizite	Mögliche Verbesserung	Verantwortlicher	Termin

9 „Just do it":
Vier Arbeitsschritte zum Führungserfolg

Zum Abschluss laden wir Sie nun ein, sich mit wichtigen Aspekten Ihrer Führungsarbeit auseinander zu setzen. Hierbei geht es in erster Linie um den Praxistransfer. Nehmen Sie sich also bitte etwas Zeit und überlegen Sie genau, was auf Sie, Ihre Mitarbeiter und Ihr Arbeitsumfeld zutrifft.

9.1 Zur Person: Selbstmanagement für den Meister

Im ersten Arbeitsschritt geht es nur um Sie! Beantworten Sie bitte die Fragen und überlegen Sie sich anschließend, an welchen Punkten Sie konkret arbeiten möchten.

Identifikation mit dem Unternehmen	nein	eher nein	eher ja	ja
Ich informiere mich über neue Ziele und aktuelle Entwicklungen in unserem Betrieb				
Ich vertrete die Interessen und Regeln unseres Unternehmens gerne				
Ich bin mit der Serviceorientierung unseres Unternehmens zufrieden				

Welche Werte spielen für Sie am Arbeitsplatz eine Rolle?	unwichtig	weniger wichtig	wichtig	sehr wichtig
Karriereaussichten				
Nette Kollegen				
Geld				
Mitgestaltung des Unternehmens				
Sinnvolle Tätigkeit				
Macht				
Arbeiten im Team				
Unterstützung der Geschäftsleitung				

„Just do it": Vier Arbeitsschritte zum Führungserfolg

Welche Fähigkeiten sind für Sie als Führungskraft wichtig?	unwichtig	weniger wichtig	wichtig	sehr wichtig
Vertrauenswürdigkeit				
Gewissenhaftigkeit				
Empathie (Einfühlungsvermögen)				
Anpassungsfähigkeit an personelle und strukturelle Veränderungen				
Autorität				
Leistungsorientierung				
Kritikfähigkeit				
Durchsetzungsfähigkeit				
Offenheit				
Akzeptanz der Mitarbeiter und Kollegen				
Vorbildfunktion				
Belastbarkeit				
Fachliche Qualifikation				

Umgang mit Emotionen	Trifft nicht zu	Tendenziell nein	Tendenziell ja	Trifft zu
Es ist wichtig, sich der eigenen Gefühle bewusst zu werden				
Ich achte darauf, wie ich mich fühle				
Ich glaube die Wirkung meiner Emotionen auf andere zu kennen				
Ich kann Gefühle gut ausdrücken				
Ich achte sehr auf meine Körpersprache				
Meine Stimmung hat starke Auswirkungen auf mein Denken				
Gefühle lenken mich vom Wesentlichen ab				

„Just do it": Vier Arbeitsschritte zum Führungserfolg

Selbsteinschätzung

Wo sehen Sie Ihre Stärken als Führungskraft?	Trifft nicht zu	Tendenziell nein	Tendenziell ja	Trifft zu
Selbstvertrauen				
Selbstkontrolle				
Empathie (Einfühlungsvermögen)				
Durchsetzungsfähigkeit				
Souveränität				
Eigenmotivation				
Kritikfähigkeit				
Kreativität				
Führen durch Zielvereinbarungen				
Feedback geben				
Teamarbeit fördern				
Motivieren				
Mitarbeitergespräche führen				
Individuelle Entwicklung fördern				
Delegieren				
Umfassende Informationsweitergabe				

"Just do it": Vier Arbeitsschritte zum Führungserfolg

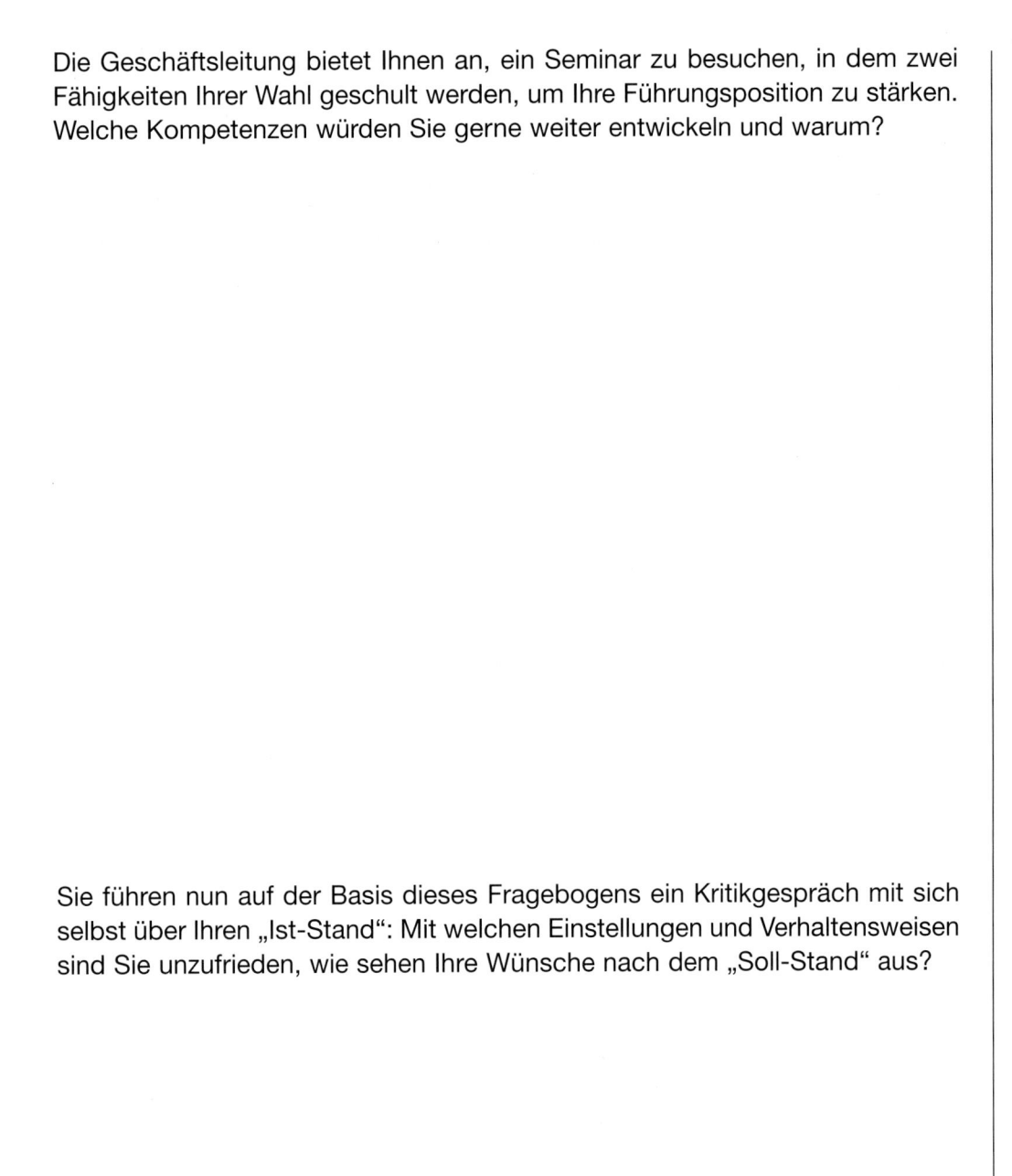

Die Geschäftsleitung bietet Ihnen an, ein Seminar zu besuchen, in dem zwei Fähigkeiten Ihrer Wahl geschult werden, um Ihre Führungsposition zu stärken. Welche Kompetenzen würden Sie gerne weiter entwickeln und warum?

Sie führen nun auf der Basis dieses Fragebogens ein Kritikgespräch mit sich selbst über Ihren „Ist-Stand": Mit welchen Einstellungen und Verhaltensweisen sind Sie unzufrieden, wie sehen Ihre Wünsche nach dem „Soll-Stand" aus?

"Just do it": Vier Arbeitsschritte zum Führungserfolg

9.2 Zum Arbeitsbereich: Defizite erkennen

Wir haben in Kapitel 1.2 darauf hingewiesen, dass der Meister zu einem „Manager im Kleinen" werden sollte. Als solcher ist es sinnvoll festzustellen, welche Defizite für den eigenen Verantwortungsbereich bestehen. Bearbeiten Sie hierzu bitte sehr gewissenhaft die folgenden Arbeitsblätter. Sie gewinnen dadurch einen detaillierten Eindruck, ob es in Ihrem Bereich wirklich rund läuft und an welchen Stellen gegebenenfalls noch Optimierungsbedarf besteht.

Arbeitsbogen „Manager im Kleinen"

Brainstorming: Woran erkennen Sie, dass der Meister oder Vorarbeiter seinen Arbeitsbereich nicht im Griff hat?

Tragen Sie bitte Beispiele aus Ihrem Verantwortungsbereich in die Kästchen zum jeweiligen Thema ein, die Sie schon erlebt haben.

Gestaltung und Einrichtung der Arbeitsplätze, hier auch Gesundheits- und Sicherheitsaspekte berücksichtigen

Beispiele:
- Drei Mitarbeiter haben keine vernünftigen Ablageplätze
- Herr Krug hat seit Wochen regelmäßige Rückenschmerzen

Arbeitsorganisation, intern und Zusammenarbeit mit Schnittstellen

Beispiele:
- Der Materialfluss von Station 2 bis Station 5 ist aufwändig. Material wird zu viel bewegt, es kommt zu gehäuften Schäden
- Vorarbeiter Vogt meidet den Kontakt zum Lager

"Just do it": Vier Arbeitsschritte zum Führungserfolg

Informationsfluss

Beispiele:
- Im letzten Monat wurden zwei wichtige Betriebsratsbeschüsse nicht weitergeben
- Vorarbeiter Helm erkundigt sich nie über Ergebnisse der Meisterrunde

Vorarbeiter- und Mitarbeiterqualifikation

Beispiele:
- Das Führungsverhalten einiger Vorarbeiter ist problematisch. Sie überziehen beispielsweise regelmäßig mit ihrer Mannschaft die Pausen
- Herr Grei scheint an seinem Arbeitsplatz häufig überfordert

Arbeitsergebnis

Beispiele:
- Von der Endkontrolle werden zunehmend Verpackungsschäden gemeldet
- Qualitätsmängel und Fehler bei den Lackierern nehmen seit Wochen zu

"Just do it": Vier Arbeitsschritte zum Führungserfolg

Möglicherweise haben Sie nun Defizite festgestellt, die Ihnen bisher noch gar nicht so klar waren. Sie können nicht von heute auf morgen alles verändern und in Frage stellen. Es gibt aber sicherlich Bereiche, die Sie konkret und umgehend angehen sollten, um Ihrer „Managementfunktion" nachzukommen. **Wir wünschen Ihnen dabei viel Erfolg!**

9.3 Zur Zielerreichung: Klare, realistische Ziele formulieren

Sie haben nun sich selber und Ihren Arbeitsbereiches eingeschätzt. Im nächsten Schritt sind Sie aufgefordert, sich realistische Ziele zu setzen. Ziele setzen ist ein „beliebter Sport", wie etwa die regelmäßigen Vorsätze zum Abnehmen an Neujahr. Alle Vorsätze sind aber nur dann sinnvoll, wenn Sie Ihre Ziele auch erreichen. Nehmen Sie die folgenden sieben Schritte als Unterstützung, Ihre Ziele auch tatsächlich zu realisieren.

1. **Ziel und Zielbedeutung definieren**

   Beschreiben Sie Ihren Vorsatz so konkret und positiv wie möglich. Was möchten Sie genau in Ihrer Führungsarbeit, für das Team oder als Arbeitsergebnis erreichen? Geben Sie in einer Werteskala von 0 (unwichtig) bis 10 (wichtig) an, was Ihnen dieses Ziel bedeutet!

2. **Vorteile prüfen**

   Notieren Sie, welche Vorteile Ihnen Ihr Vorsatz bringt. Diese müssen überzeugend sein. Haben Sie diese Überzeugung noch nicht, ist es offensichtlich noch zu früh, etwas zu verändern.

3. **„Einsatz" kalkulieren**

   Welchen Preis sind Sie bereit zu zahlen? Konkretisieren Sie dies so exakt wie möglich. Denken Sie auch über die erste „Euphoriephase" hinaus, denn Ziele zu erreichen heißt, sich dafür einzusetzen.

4. **Umsetzung planen**

   Planen Sie konkret, was Sie und möglicherweise Ihr Team tun werden. Bedenken Sie auch, welche Hindernisse Ihnen im Weg stehen könnten und wie Sie damit umgehen wollen.

5. **Rückfälle managen**

   Vermutlich wird es in Ihrem Vorhaben auch Rückfälle geben, das ist normal. Gehen Sie dann nicht zu hart mit sich ins Gericht. Ermutigen Sie sich stattdessen, trotzdem weiter zu machen.

6. **Erfolge würdigen**

   Freuen Sie sich über Ihre Erfolge! Richten Sie Ihre Aufmerksamkeit also konsequent auf das, was Sie erreicht haben – und nicht darauf, wie viel Mühe es Sie gekostet hat.

7. **Vertrauensperson einweihen**

   Weihen Sie eine Vertrauensperson in Ihr Vorhaben ein. Damit erhöhen Sie die Chance, konsequent dran zu bleiben.

"Just do it": Vier Arbeitsschritte zum Führungserfolg

Schweben Ihnen Ziele vor? Dann „denken Sie auf Papier" und dokumentieren Sie diese im folgenden Arbeitsblatt!

Arbeitsblatt 17: Konkrete Ziele setzen

Thema	Zeitrahmen (was will ich bis wann erreicht haben!)
Mein Selbstmanagement (Umgang mit Stress, Zeitmanagement etc.) Ziele:	
Mein Führungsverhalten Ziele:	
Gestaltung und Einrichtung der Arbeitsplätze Ziele:	
Arbeitsorganisation Ziele:	
Informationsfluss Ziele:	
Vorarbeiter-/Mitarbeiterqualifikation Ziele:	
Arbeitsergebnis Ziele:	

"Just do it": Vier Arbeitsschritte zum Führungserfolg

9.4 Zur Umsetzung: Erstellung eines Maßnahmenplanes

Sie haben sich nun ausführlich damit auseinandergesetzt, welche Ziele Sie erreichen möchten bzw. welche Veränderungen Sie herbeiführen wollen. Der letzte Schritt besteht nun darin, einen konkreten Maßnahmenplan zur Umsetzung dieser Ziele zu erstellen.

Arbeitsblatt 18: Maßnahmen

Thema	Zeitplan für die einzelnen Punkte	Ist erledigt
Mein Selbstmanagement (Umgang mit Stress, Zeitmanagement etc.) Was gehe ich konkret an?		
Mein Führungsverhalten Was gehe ich konkret an?		
Gestaltung und Einrichtung der Arbeitsplätze Was gehe ich konkret an?		
Arbeitsorganisation Was gehe ich konkret an?		
Informationsfluss Was gehe ich konkret an?		
Vorarbeiter-/ Mitarbeiterqualifikation Was gehe ich konkret an?		
Arbeitsergebnis Was gehe ich konkret an?		

Weiterführende Literatur

- Albs, Norbert: Wie man Mitarbeiter motiviert. Motivation und Motivationsförderung im Führungsalltag. Berlin 2005
- Arbeitsgesetze: Arbeitsgesetze mit den wichtigsten Bestimmungen zum Arbeitsverhältnis, Kündigungsrecht, Arbeitsschutzrecht, Berufsbildungsrecht, Tarifrecht, Betriebsverfassungsrecht, Mitbestimmungsrecht und Verfahrensrecht Textausgabe mit ausführl. Sachverzeichnis und einer Einführung von Prof. Dr. Reinhard Richardi. 66. Auflage. München DTV/Beck 2005
- DIHK Bildungs GmbH (Hrsg.): Industriemeister/Industriemeisterin. Grundlagen der Zusammenarbeit im Betrieb. Textband, Bonn
- Fröschle-Mess, Myriam: Personalentwicklung für Meister in einem Industriebetrieb. Mering 2002
- Grünig, Carolin/ Mielke, Gregor: Präsentieren und Überzeugen. Das Kienbaum-Trainingskonzept. Freiburg 2004
- Härter, Gitte/ Öttl, Christine: Unschlagbar durch gutes Teamwork. Praktische Tipps für den Erfolg in der Gruppe. Nürnberg 2003
- Härtl, Johanna und Kemmerer, Jürgen: Kompendium für die Meisterprüfung. Berlin 2004
- Hofmann, Axel: Einführung von Gruppenarbeit, Institut für angewandte Arbeitswissenschaft e.V. Köln 1995
- Horney, Heinz-Ludwig, Wessel, Frank, Schmidt, Elke H.: Der Industriemeister. Information, Kommunikation, Planung, Zusammenarbeit im Betrieb, Naturwissenschaftliche und technische Gesetzmäßigkeiten. 13. überarbeitete Auflage. Heidelberg 2001
- Hunold, Wolf: Führungstraining für Meister und andere Vorgesetzte. 3. Auflage. Heidelberg 1996
- Jetter, Frank/ Skrotzki, Rainer: Soziale Kompetenz. Führungskräfte lernen Emotionale Intelligenz, Motivation, Coaching. Regensburg 2005
- Jiranek, Heinz/ Edmüller, Andreas: Konfliktmanagement. Als Führungskraft Konflikten vorbeugen, sie erkennen und lösen. Freiburg 2003
- Kamiske, Gerd F., Brauer, Jörg-Peter: ABC des Qualitätsmanagements. München 2002
- Lang Karl/ Rattay Günter: Leben in Projekten. Projektorientierte Karriere- und Laufbahnmodelle. Wien 2005
- Laufer, Hartmut: 99 Tipps für den erfolgreichen Führungsalltag Führungsbewußtsein, Führungsverhalten, Führungsmaßnahmen Das professionelle 1x1. Berlin 2005
- McGregor, Douglas: Der Mensch im Unternehmen. Hamburg 1986
- Merk, Katja: Mobbing. Praxisleitfaden für Betriebe und Organisationen. Leonberg 2004
- Oechsler, Walter A.: Personal und Arbeit, Einführung in die Personalwirtschaft unter Einbeziehung des Arbeitsrechts, 7. Auflage. München/Wien 2000

Weiterführende Literatur

- Raich, Margit: Führungsprozesse. Eine ganzheitliche Sicht von Führung. Wiesbaden 2005
- Schumann, Georg: Zusammenarbeit im Betrieb. Aufstieg zum Industriemeister. 3. Auflage. Haan 2002
- Samhoud, S./ van der Loo, H./ Geelhoed, J.: Lust & Leistung. Mitarbeiter motivieren in schwierigen Zeiten. Weinheim 2005
- Schilling, Gert: Zeitmanagement. Der Praxisleitfaden für Ihr persönliches Zeitmanagement. Berlin 2003
- Schneider, Thomas/ Weber, Matthias: Das Mitarbeitergespräch: Einführung eines Führungsinstruments in einem mittelständischen Unternehmen. 2004
- Schulz von Thun, Friedemann u.a.: Miteinander reden. Kommunikationspsychologie für Führungskräfte. Reinbek 2003
- Simon, Walter: GABALs großer Methodenkoffer. Grundlagen der Kommunikation. Offenbach 2004
- Tracy, Brian: Eat that frog. 21 Wege, um sein Zaudern zu überwinden und in weniger Zeit mehr zu erledigen. Offenbach 2002
- Watzlawick, Paul u.a.: Menschliche Kommunikation. Formen, Störungen, Paradoxien. 10. Auflage. Bern 2000